강릉 고샅길 사용 설명서

2부 _ 구정면·성산면 편

차 례

들어가는 말   5

구정면 지역   17
  ① 파란만장 구정리   23
  ② 면사무소 마을 여찬리   62
  ③ 유서 깊은 학산리   65
  ④ 제비리와 산북리   100
  ⑤ 어단리와 금광리   107
  ⑥ 덕현리와 언별리   113

성산면 지역   123
  ① 금산리 버당과 김씨 마을   130
  ② 보광리와 보현사   153
  ③ 삼왕리와 명주군왕릉   168
  ④ 관음리와 안국사   182
  ⑤ 오봉리와 오봉서원   195
  ⑥ 위촌리 혹은 우추리   207
  ⑦ 어흘리와 대굴령   216

마무리 말   237

들어가는 말

내가 그의 이름을 불러주기 전에 그는 하나의 몸짓에 불과했다. 내가 그의 이름을 불러 주었을 때 그는 나에게로 와 꽃이 되었다. 너무 자주 인용되어 다소 유치한 느낌도 드는 시 구절이다. 그러나 이 〈강릉 고샅길 사용설명서〉를 쓰면서 나에게 얼핏 든 생각이 바로 이 구절이었다.

세상에 널려 있는 저 무수한 '몸짓들', 그것은 시간을 관통하며 사람들이 살면서 만들어 낸 저 무수한 족적들과 흔적들과 유무형의 결과물들일 것이다. 아마도 '존재'들이라고 보아도 무방할 것이다. 이런 '존재'들에게 인간들은 저마다의 시선으로 사랑스런 눈길을 주기도 하고 눈살을 찌푸리며 바라보기도 하고 혹은 외면하기도 할 것이다.

그런 개인의 '판단력 갖춘 시선'으로 객관적 존재인 역사적 사실을 최초로 기록한 사람은 아마 공자였을 것이고 그의 도덕적 기준으로 역사를 판단한 책을 우리는 '춘추(春秋)'라는 이름으로 만난다. 어린 시절 아버지로부터 이 책 '춘추'를 만난 뒤 '있었던 사실을 그대로 기록하되 옳은 것은 옳고 그른 것은 그르다는 도덕적 판단을 결코 양보하지 않는다'는 정신으로 당대의 역사를 기록한 자가 '사마천'이고 그 결과물이 '사기(史記)'일 것이다. 위대한 분들에게 다소 미안하지만 내가 이 글을 쓰면서 갖고자 했던 정신도 그런 종류의 것이었다. 비록 시간과 공간의 한계가 있지만 내가 살아 오면서 보고 듣고 목격하고 관찰했던 '대상이나 존재'

들을 기록으로 남겨 놓는 것이 지금 내가 할 수 있는 유일한 생존의 이유라는 생각이 들었다는 말이다. 대상이나 존재를 인식하여 기록하는 순간 나 혹은 우리에게 의미가 있는 존재가 된다는 이 구절은 이 글을 쓰는 지금 나에게는 절실하다. 내가 살아온 시간과 공간 속에 흩어져 있는 그리고 사라져 가는 무수한 일상의 사실들, 그런 것들에게 이름을 붙여 주고 의미를 부여하고 싶었다는 것이다. 그리하여 위의 시의 구절은 나에게 와서 이렇게 되었다.

내가 글을 쓰기 전에 그것은 단순한 사실들에 불과했다. 내가 그것들을 기록하자 그것은 우리에게 역사가 되었다.

그런 점에서 관찰자이자 기록자인 나는 1955년에서 2024년 현재까지의 70년의 시간과, 강릉을 비롯한 주변 몇 개 시군들이라는 공간 속에서 존재해 왔다.

나의 생활 공간은 강릉이었다. <밀정(密偵)>이란 영화를 보면 주인공이 남에게 자기를 말할 때 항상 '나 밀양사람 김원봉이오'라고 습관적으로 말하는 장면이 있다. 그 주변이나 집단에 김원봉이라는 이름을 가진 동명이인이 있더라도 밀양에서 온 사람은 자기 혼자뿐일 것이니 그렇게 말함으로서 자기의 정체성을 드러낸 것이다. 이런 화법은 서양 사람들도 비슷하여 아마도 나중에 그런 출신 지역이 성(姓)으로 변하여 오늘에 이른 듯하다. 실례로 '레오나르도 디 카프리오'라는 이름은 카프리섬 출신의 레오나르도이고, 그래서 빈치 마을에서 온 레오나르도와 구분되었을 것이다. '루드비히 폰 베토벤'은 베토벤 집안의 루드비히일 것이다.

누가 나에게 너는 누구냐? 라고 물으면 나는 '강릉사람 박삼균이오'라고 답할 것이다. 그러면 그 사람은 강릉이라는 지역이 가진 여러 특성과 풍습에 따라 나를 자신의 분류 기준으로 파악할 것이다. 그런 점에서 인간은 자기가 태어나 자란 지역적 기반이 그의 정체성을 설명하는/당하는 최초의 소재일 것이다. 인간의 정체성이 그 자신이 가진 것의 본질이 아닌 세상 속에서 맺은 인연의 '관계망'으로 설명해야 한다는 사실이 조금 보수적이긴 하지만 우리 세대가 가진 모습은 그렇다.

그런 점에서 나는 강릉에서 태어나고 자랐고 살고 있으니 누가 뭐라고 해도 강릉 사람이다. 1955년에 구정리에서 태어나 근 70여 년을 살아오며 대학생활과 군대생활을 제외하면 고향인 강릉을 오래 떠난 적이 없다. 20대 이전에는 부모님 밑에서 학교를 다녔고 30대에 고향에 돌아와 그 이후 30여 년 고향 후배들에게 국어를 가르치는 교사로 생활하면서 살아왔다.

뭐 하나 내세울 것이나 남이 알아줄 만한 업적도 없으나 사실 그런 삶 자체가 나에게는 자랑이다. 내가 출세(出世)하고 내가 승진(昇進)하고 내가 명성(名聲)을 얻자면 타인과의 자리다툼에서 이기든가 경쟁자에게 패배의 눈물을 안겨 주어야 하는데, 아예 그런 적이 없으니 아마도 나로 인해 패배의 쓴 잔을 마신 사람은 없을 것이다.

용감하지는 못 했으나 그리 비겁하지는 않게 살았고, 남을 크게 도와준 적은 없지만 피해를 끼친 적은 없으니 친구들 말마따나 '거기 가면 네가 언제나 늘 그런 모습으로 있었다'는 말이 맞을 것이다. 장자(莊子)의 말을 조금 이용한다면 무용지용(無用之用)을 실천하는 자라고도 '대은거시중(大隱居市中) 소은거산중(小隱居山中)'의 상황이라고도 과장해 볼 수 있을 것이다.

이따금 선거(選擧)라도 치른 뒤에는 객지에 가 살면서 제법 인문학 먹물이 든 친구들은 전화를 해 '야, 강릉은 왜 그 모양이냐? 경상도야, 대구야?' 뭐 그런 식으로 조롱인지 질타인지 탄식인지를 해올 때가 많다. 강릉이 보수적인 권력의 맹종지역이 된 것이 그리 오래되지 않았는데 사람들은 강릉이 아주 오래 전부터 그런 식으로 살아 온 것으로 지역을 분류하고 또 매도하기도 한다.

그러나 6.25 사변의 민족 참화를 겪기 이전에는 전국 어디보다 독특하고도 진보적인 사회를 만들고 유지해 왔던 곳이 강릉이라고 나는 생각한다. 조선 시대를 대표하는 여성 인물인 신사임당과 허난설헌이 태어나고 자란 곳이 강릉이다. 딸들에게도 아들과 똑같이 한문을 익히고 글을 쓸 수 있는 환경과 여건을 마련해 준 강릉지역 아버지들의 시대를 앞서 간 양성평등의 진보의식이 없이 어찌 사임당과 난설헌처럼 조선을 빛낸 여인들이 나타날 수 있었겠는가. 전국에 똑똑한 여성이 어디 한 둘이었겠는가마는 당대의 유교적 가부장 질서의 풍토 속에서도 강릉사람들만이 가진 그런 독특한 여성화적인 진보적 태도가 있었기에 그리 된 것일 것이다.

최초의 소설을 한문으로 쓴 김시습과 한글로 소설을 쓴 허균도 조금 과장하면 강릉 문화의 세례를 받고 자란 인물들일 것이다. 환상과 현실을 교묘히 조합하여 민중들이 꿈꾸는 세상을 그린 최초의 한문소설인 김시습의 '금오신화'와 최초의 혁명을 다룬 글이자 한글소설이자 금서(禁書)인 허균의 '홍길동전'이 강릉에 뿌리를 둔 사람들에 의해 이룩된 것은 무엇을 말하는가. 강릉이 그만큼 중앙지역의 주류와는 다른 독특한 진보적 문화 풍토를 지니고 있었기에 그런 작품들이 상상되고 집필되고 소비되었을 것이다.

그런 풍토는 일제 강점기 몽양 여운형을 초빙하여 자식들에게 신학문인 영어를 가르치는 상황으로 이어졌을 것이다. 그러나 해방 공간에서 새로 냉전 체제를 준비하던 미국 군정(軍政) 당국에 의해 그런 진보적 태도가 좌파로 매도되고 이어진 북한 공산당의 남침으로 그런 상황이 굳어져 버리며 결국 많은 이념적 희생자를 만들어 내고 말았던 것이다. 그 뒤 강릉에는 그저 권력 가진 자에게 순종하고 대세(大勢)를 따르는 것이 생존의 비법이라는 현실 논리가 시나브로 스며들었다고 보는 것이 나의 진단이다. 한국전쟁 이후 생긴 살아남는 방법론이 강릉의 역사적인 정체성이라고 매도하는 것은 참아내기 힘들다.

박정희시대 학교를 다니며 국민교육헌장을 외우고 전두환 시대에 군대생활을 거치며 권위주의 정권의 민낯을 보며 자라서, 나름 민주화 세대 출신이라고 자부하는 나로서는 안타깝기도 하고 때론 억울하기도 하지만 그것이 우리 강릉의 모습인 것을 어쩌랴. 온전히 받아 들이고 한 발 한 발 보다 나은 세상을 향해 느리지만 착실한 발걸음을 내딛을 수밖에 없을 것이다. 그래도 나 같은 미천한 교사 출신도 믿어 주고 내가 하는 말을 들어주는 사람들이 있어 그들과 함께 운영해 나가는 '인문학 연구소'와 거기서 하는 교육활동이 비록 요란하지는 않지만 그런 세상을 향한 작은 몸짓 혹은 몸부림이라는 사실을 이해해 주기 바랄 뿐이다.

두보는 일찍이 인생칠십고래희(人生七十古來稀)라 하여 70살까지 사는 것이 드물다고 했지만 요즘은 길가에 뒹구는 돌맹이보다 더 흔한 것이 고희(古稀) 영감이고 미수(米壽) 할머니들이니 70살이 되었다고 뭐 특별할 것도 없을 것이다.
그러나 그 나이가 되고 보니 살아갈 날보다 살아온 날들이 더 많은 것은 부인할 수 없고 지나간 날들에 겪은 경험치가 앞으로의 모험보다 더 풍성한 것은 사실일 것이다.

더구나 내가 살아온 기간은 한국전쟁 직후 춥고 배고프던 시절부터 현재의 1인 1 자가용의 제법 풍요로운 시대까지가 아코디언처럼 접혀있는 '압축적 변화'의 시기와 겹치게 된다. 그러다 보니 이런 급격한 변화가 가져온 사회적 변화가 세대간에 단절을 불러오고 있음을 실감할 수 있었다. 내 생각엔 모두가 알고 있을만한 사회적 현상이나 이슈에 대해 나이 차이가 조금만 나도 생소해 하고 낯설어 하고 심지어는 신기해 하는 경우도 많이 접하게 된다. 과거 농경시대에는 천 년 전에 사용하던 농법(農法)이나 농기구(農器具)가 여전히 사용되었지만 근대 산업혁명 이후 오늘의 전자제품은 몇 년 전의 제품이 상상도 할 수 없었던 다양한 기능과 성능을 지니게 되었다. 이제 지식은 축적된 과거의 경험으로부터 오는 것이 아니라 바다 건너 다가올 미래의 아이디어로부터 오는 것이 되었다.

이런 상황에서 내가 어릴 때 직접 겪고 본 일들이 젊은 세대들에게는 역사책에 나오는 신석기 시대와 다를 바 없는 아득한 과거사로 이해되는 모양이었다. 안타깝긴 하지만 어쩔 수 없는 일이다.

당송팔대가인 한유(韓愈)는 '위대한 인물은 말씀을 남기고 그보다 못한 나는 그저 그들의 말을 기록해 남긴 뿐이다'고 글을 쓴 이유를 고백한 적이 있다. 석가모니나 예수 그리스도나 소크라테스가 직접 글을 썼다는 기록은 없다. 그러나 그의 말씀은 예수의 경우 제자인 요한이나 마태에 의해 기록되어 오늘에 전해지고 소크라테스의 말도 그의 제자 플라톤에 의한 기록으로, 하다 못해 공자의 말씀도 그의 제자들이 기록한 논어(論語)를 통해 오늘에 이어지고 있다. 그래서 우리가 배우고 존중하는 존재는, 말씀을 하신 석가모니 소크라테스 예수 공자이지 그것을 기록한 그들의 제자는 아닐 것이다.

내가 플라톤이나 공자의 70 제자의 반열에 들거나 혹은 궁형을 당하면서도 역사의 진실을 기록하고자 했던 사마천(司馬遷)의 위치나 정신을 감히 넘보지는 못한다 하더라도 그런 정신을 가지고 내가 살아온 시대를 기록으로 남기고 싶었던 것은 사실이다.

그래서 나는 기록자이고 싶다. 누군가 나에게 '그런 행위를 하는 너는 어디에서 왔고 어떻게 살아 왔고 어디를 향해 가는가?' 이런 질문을 한다면 그것의 대답은 바로 기억(記憶)과 '관계(關係)'일 것이다. 혹은 그걸 '정체성'이라고도 할 것이다.

한 인간의 정체성을 규정하는 것은 아마도 그의 삶의 기억이나 그가 살아오면서 맺은 타인과의 관계일 것이다. 한 개인으로서 스스로에게 묻는 이런 질문은 한 국민 한 시민의 자격으로 바뀌게 된다면 그것은 '나'가 아닌 '우리'가 될 것이다. 그럼 또 '우리'는 누구인가 라는 질문과 만나게 된다. 한 개인의 정체성이 그의 기억(記憶)에 의해 규명되듯 아마도 우리의 집단인 민족(民族)이란 정체성도 기억에 의해 구성되고 형성될 것이다. 그리고 그 기억의 중심은 '역사(歷史)'일 것이다.

할아버지의 비석에는 유명한 누구는 몇 대 손이라고 설명하고, 성경(聖經)에서는 누가 누구를 낳고 누구는 또 누구를 낳아 마침내 예수 그리스도가 태어났다고 과거부터 현재로 설명해 나가는 방식으로 관계를 설명하고 있고, 또 어떤 경우는 현재부터 과거로 거슬러 올라가며 내력을 설명하기도 한다. 친일적인 발언을 자주하는 누구 누구가 알고 보니 아버지가 일본 문부성 장학생으로 메이지대학을 졸업했고 알고 보니 그 할아버지는 일제 때 참의(參議) 벼슬을 했다더라는 식으로 설명하기도 한다.

나는 그럴만한 자랑스런 역사를 가진 조상도 없고 그럴 생각도 없다. 그냥 나는 이런 환경에서 이렇게 살았다고 말하고 싶다. 내 부모가 못 났다고 버릴 수 없는 것처럼 내가 몸달고 살아온 이 지역인 '강릉'과 '한국'을 나는 침 뱉을 수 없고 마음 속으로 버릴 수 없다. 어찌되었든 나는 나는 강릉 사람이고 한국 사람이다. 그런 점에서 나는 보수적인 민족주의자인지도 모르겠다. 근대 이래 민족주의(Nationalism)는 인종주의(Racism)와 함께 차별이 없는 세상의 도래와 함께 지구촌에서 추방 될/되어야할 단어 중의 하나가 되었다.

그러나 나는 적어도 이 땅에서 민족주의는 당분간 그 역할이 남아 있다고 본다. 일제가 한반도를 강제 병합한 이후 내선일체(內鮮一體)라는 말을 하며 일본과 조선민족과의 화합을 추구했지만 역시 그들은 위에 있었고 우리를 아래에 두었으며 결국 그것은 우리 민족의 정신과 문화를 그들의 것과 통합하려는 것으로 드러나고 말았다. 그런 점에서 우리는 그들과 다르다는 것이 밝혀졌고 그 민족적 차이는 독립전쟁의 당연한 근본 이유가 되었다. 역사가 '아(我)'

와 '타아(他我)'와의 대결이라 정의한 사람은 단재 신채호 선생이 지만 대결이란 용어는 아마도 일제 강점기 국권침탈이라는 극한 상황에서 나온 용어일 것이고 평화시라면 타민족(국가)과의 우호 협력이 병행할 것이다. 해방 후에도 우리 민족은 뜬금없이 미국과 소련이라는 외세에 의해 전범국 일본 대신 분단의 아픔을 겪었고, 그 후 냉전시대의 최전선에서 민족 내부의 전쟁을 치르며 서로의 상처에 소금을 끓여 부었다. 통일의 당위성도 당연히 민족의 화합과 하나됨이 그 근본에 놓일 수밖에 없고, 그런 점에서 민족주의란 낡은 사상은 분단 현실에 처해 있는 우리에게 아직은 더 필요한 가치가 될 것이다.

근래 세계는 국가를 경제적 단위로 하는 이기주의가 팽배하고 자국민의 이익을 위해 끊임없이 패거리를 만들고 기회만 생기면 강대국이 약소국을 이용하거나 파괴하는 현상이 일상사처럼 펼쳐지고 있다. 그들에게 있어 무기가 되는 것은 총과 대포만이 아니다. 석유 천연가스 식량 희귀광물자원 등 다양한 물질적 요소들을 가지고 힘겨루기를 하고 있을 뿐만 아니라 온갖 문화적 역사적 요소들도 국가경쟁력을 위한 무기가 되고 있는 것이 현실이다. 게다가 우리나라는 세계에서 가장 강하고 가장 호전적인 국가들인 미국, 일본, 중국, 러시아와 국경을 맞대거나 이익을 다투고 있고 세계 유일의 분단국가이기도 하고 법적으로 전쟁을 쉬고 있는 국가이기도 하다.
영국 역사학자 토인비는 한국의 역사를 '세계사의 기적'이라고 말했다 한다. 그가 그렇게 말한 이유는 세계지도를 펼쳐 놓고 보면 우리도 잘 알 수 있다. 유라시아 대륙의 동쪽 끝의 작은 반도에 위치한 국가 혹은 민족이 세계에서 가장 인구가 많은 나라인 중국과 세계에서 가장 넓은 영토를 가진 러시아와 강 하나를 사이에 두고 세계에서 가장 호전적인 국가 중의 하나인 일본과 좁은 해협을 끼고 있는 지정학적 상황에서 어떻게 5천년 동안 고유한 언어와 문화를 유지하며 살아왔는지 스스로 생각해 봐도 기적적인 일이 아닐 수 없다. 한때 중국 천하를 호령하던 몽골족도 대륙에서 쫓겨나 메마른 초원에 겨우 살아남았고, 근세에 중국대륙을 호령하며 청나라를 세웠던 만주족은 흔적조차 사라졌고, 기타 중국 북방에 명멸했던 수많은 민족과 부족들이 사라지거나 소수부족으로 전락한 뒤에도 여전히 살아남아 존재감을 뽐내고 있는 대한민국은 누가 봐도 대단한 나라인 것은 사실이다.

물론 아직도 한국은 변방의 작은 나라이기에 K Culture라고 하여 소위 K-pop K-drama K-cinema K-food 등이 제법 유행한다고 하지만 아직 서구나 주변의 나라들의 주류사회는 여전히 우리를 낮추어 보고 있을 것이다. 그저 기특하다는 정도의 시선으로 우리의 '국뽕'을 바라보고 있을 지도 모른다. 그런 세계인들에게 우리 문화를 깊이 각인시키기 위해서는 그것들에 담긴 우리의 굴곡 많은 역사와 문화를 배경에 깔아주어 그것이 결코 일시적인 현상이나 단순한 겉포장만으로 된 것이 아니라는 사실을 인식시켜 주는 것일 것이다.

세계에서 한국의 위치가 그 정도라면 한국에서의 강릉의 위치도 그 비슷할 것이다. 지방 소멸로 인한 인구 감소를 면하지 못하고 있는 20만 남짓의 동애안의 작은 소도시일 뿐이라고 볼 것이다. 강릉의 바다야 동해안이니 아름답다고 해도 거기가 커피나 음식이 유명하다니 그래 보았자 그저 여행길에 한 잔이나, 한 끼 인상 깊게 먹을 정도일테지 라고 생각할 정도일 것이다. 요즘 속초 양양 지방에 서울에서 내려간 사람들이 신선한 아이디어로 만든 재미있는 장소와 맛난 음식점들이 많다고 생각하는 사람들도 늘어나고 있을 것이다. 이런 사람들에게 강릉은 단순히 스쳐 지나가는 관광지가 아니라 유구한 역사와 문화를 가진, 결코 그리 가볍고 만만한 곳이 아니라는 것을 인식시켜 줄 필요가 있다는 것이 나의 생각이다.

작년에 강릉문화재단의 시나미플랫폼에서 시행하는 사업 중에 <작당 모의(作黨模擬)>라는 프로그램이 있어 시민들이 하는 삭업에 지원을 해 준다는 소식을 듣고 문득 충동적으로 응모하게 되었다. 다행스럽게도 내 아이디어가 선택되어 모임에 나가보니 참가자들은 대부분 평균 30대의 젊고 발랄한 세대들이었다. 그 젊음의 바다 속에서 돌섬처럼 앉아 있는 백수(白首)의 백수(白手)는 희귀하긴 했으나 참으로 다루기 힘든 존재였을 것이다. 그런 상황에서도 나는 기록을 남겨야겠다는 일념으로 양심과 상식의 눈을 감고 버티어 냈다.

3명이 작당(作黨)하여야 한다는 조건을 맞추기 위해 은퇴 뒤 평온하게 취미생활을 즐기고 있던 이종린 김동석 두 선배 교사를 갖은 감언이설로 설득하여 3인의 멤버 구성을 마칠 수 있었고 마침내 모의(模擬)에 참가할 수 있었다. 두 분이 덜컹거리는 시골길을 함께 다니며 옛 기억들을 발굴하고 기록하는 것에 큰 힘이 되었음은 더 말할 나위도 없다.

비록 그리 오래되지는 않았지만 내가 태어나서 겪고 경험한 약 5-60년 전의 과거사도 조만간 역사 속에서 매몰될 것이 분명하니 그렇다면 완전히 사라지기 전에 조그만 기억의 파편이라도 남겨두어야 겠다라는 결심이었다. 다행스럽게도 이해심 많은 젊은 담당자들이 허락을 해 주어 2023년도에 1차 작업으로 과거 명주동 관아와 원도심을 중심으로 한 지역의 과거 이야기를 '고샅길 사용 설명서' 1편이란 이름으로 펴냈고 이제 2차년도로 '구정면과 성산면

편'을 출판하게 되었다. 끝으로 마지막 남은 지역 강릉시의 해변 지역을 비롯하여 주문진읍 강동면 왕산면 사천면 연곡면 옥계면에 관한 글도 힘자라는 대로 완성하여 볼 계획임을 알리고 싶다.

〈필자와 답사를 함께 해 주신 지인들〉

구정면 지역

제2부 1장 구정면 지역

　강릉 주변의 읍면 중 주민들의 단합성과 자기 마을에 대한 정체성이 가상 부족한 곳이 바로 구정면이다. 그 이유는 이 곳 사람들이 고향 마을에 대한 사랑이 유난히 부족해서가 아니라 처하고 있는 지리적 위치 때문일 것이다. 왜냐하면 구정면은 제비리는 회산동과 여찬리는 내곡동 장현동과 학산리는 모산동과 금광리는 박월동과 덕현리는 강동면과 접해 있어 강릉시를 빙 둘러싸고 있는 형국이기 때문이다. 강릉시가 서울이라면 구정면은 거의 경기도와 같은 역할을 하고 있기 때문이다. 주변의 주문진읍이나 옥계면 사천면 왕산면 연곡면 등이 면소재지를 중심으로 초등학교 중학교가 있어 마을 주민들이 모두 학교 동문이고, 게다가 강릉시내와 연결되는 버스 노선이 하나밖에 없어 모두 같은 버스로 출퇴근을 하거나 통학을 하면서 친교를 쌓아갈 수 있는 여건인데 비해, 구정면은 제비 산북리행 버스, 구정 여찬리행 버스, 학산 어단리행 버스, 금광 덕현리 버스가 각각 따로 있고 초등학교도 따로따로 있고, 중학교도 없고 심지어는 구멍가게도 없다보니 마을마다 각각 강릉시내와 따로따로 밀접한 연결망을 가지고 있고 그런 여건에서 오래 생활하다보니 그리된 것이다.

　그러다 보니 구정면은 스스로 시골사람이라는 생각이 별로 없었다. 어린 시절 내가 구정에서 초등학교를 마치고 중학교 입학 입시가 치열하던 당시 우리 동네서 혼자 나름 명문학교였던 경포중에 입학한 뒤 아버지에게 "시내 애들이 나를 촌놈이라고 해요"라고 했더니 아버지가 말하길 "진짜 상놈들은 시장에서 장사하는 그 깍성(各姓)받이 들이지." 라고 하셨던 기억이 난다. 그로부터 몇 십 년후

아버님 말대로 시내의 동(洞) 지역에 살던 각성받이(소위 외부 유입 세력들)들은 모두 어디론가 떠나고 당시 촌놈이라 불리던 읍면(邑面) 지역에 살던 친구들만이 여전히 강릉을 지키고 있는 것을 볼 수 있기도 하다.

구정면은 근대사의 얼룩진 굴곡 속에서도 상대적으로 그리 큰 피해를 입지는 않았던 마을이기도 하다. 6.25 동란기를 말하면 당시의 여느 마을처럼 구정면에도 좌익과 우익으로 나누어져 있었다고 한다. 일본 유학을 다녀온 선구적인 지주들 중에도 좌익이 있었고 공짜로 땅을 나누어준다는 선전에 가담한 머슴살이하던 사람들도 있었다고 한다. 당시 어쩌다 동네 반공 청년단장을 맡았다던 아버지의 회고에 의하면 그러나 구정면의 좌우익은 서로가 극한 대립을 한 관계가 아니라 서로 보호하는 관계였다고 한다. 인민군 점령 시기에는 좌익이 우익 친구를 숨겨주거나 변호해 주고, 국군 점령 시기에는 우익이 좌익 계열을 보호하거나 변명해 주어 같은 마을 사람들끼리 죽이거나 원수가 된 관계가 한 번도 없었다고 한다. 그러니 사변 후에도 마을 사람들이 서로 패를 나누어 싸우는 일 따위는 없었다고 한다. 소설가 황순원이 쓴 〈학(鶴)〉에 보이는 아름다운 우정이 실제로 있었던 마을이라고 나는 생각한다.

그러나 시간이 흐르고 자본주의적인 논리가 농사 짓던 마을을 엄습하면서 상황은 달라지기 시작한다. 자식을 먹이기 위하거나 조금 남으면 내다 팔아 용돈을 쓰거나 자식들 교육비를 보태는데 사용하기 위해 짓던 농사일이 기업화되면서 많은 주민들은 싼 이자에 지원금에 현혹되어 농협에 빚을 지기 시작하고 그래서 요즘 농촌은 농협에 담보잡힌 상태라는 것이다. 이웃이 경운기를 사면 콤바인을 사고 그런 기계값을 감당하기 위해서는 농업을 기업화 할 수 밖에 없고 그것은 필연적으로 농촌을 황폐화시켜 나가기 마련이다. 필자도 수 십년 전에 언젠가는 고향으로 돌아가겠다고 고향집 앞에 한 오 백 평 정도의 밭을 마련한 적이 있다. 고향 선배가 빌려 달라고 하여 공짜로 빌려 주었는데 풍문에 들자니 그 신배는 그 밭에 대파 등을 심어 연 소득을 천 만원 이상 올린다고 했다. 혼자 속으로 '그렇게 벌면서 땅주인인 나한테는 지나가는 길에 파 한 뿌리 안 갖다 주다니... 좀 괘씸하구먼' 이라고 생각했는데 나중에 알아보니 그것이 아니었다. 그 선배가 '농산물 경매에 내놓아 제 값을 받으려면 독한 농약을 엄청 뿌려야 하는데, 그런 농약 투성이를 차마 자네한테 먹어보라 줄 수 없었다네' 라는 고백을 할 때 이해가 갔다. 막말로 그런 꼴 안 보고 생산과정을 모르니까 먹는 것이지 알고는 못 먹는다는 농사짓는 친구들의 푸념도 들은 바 있으니 오늘 현재 시장에서 팔리는 빛좋은 농산물들이 아마 대동소이하지 않을까 생각한다.

 2018년 평창올림픽을 기하여 개통된 서울 강릉간 KTX 철도는 구정면을 관통하고 지나간다. 대관령을 휘휘 감돌아 내려온 철도는 구정면 아래쪽인 여찬리 학산리 지점을 지나며 강동면으로 이어져 가고 그 전에 개통된 동해고속도로도 역시 구정면 위쪽인 제비리 구정리 학산리 어단리를 지나 동해시쪽으로 가고 있다. 제비리쪽에는 상당한 규모의 구정휴게소가 만들어져 있으나 이용객이 없어 폐쇄 수순을 밟고 있는 것으로 알고 있고 인근에 계획되었던 대규모 화물터미널도 텅 비어 있다. 한때 새 강릉역사가 유치되었다며 그 인근에 공단계획이 정부에 의해 공고되어 한때 개발에 대한 기대에 부풀었던 금광리 어단리지역도 언제 그런 일이 있었냐는 듯 조용하다. 개발을 찬성하는 것은 아니지만 정부의 그런 계획은 결국 투기꾼을 불러 땅값만 올려 놓거나, 거기서 오래 묵묵히 농사를 지어온 농민들에게 헛바람만 불어 넣거나 고향을 떠나게 만드는 직접적인 요인이 된다는 것이 문제점인 것이다. 은퇴 후 가볍게 전원생활을 즐기고자 많은 사람들이 찾았던 마을이 땅값이 오른 뒤 소문만 무성하고 거래는 안 되는 가운데 점점 공동화 현상만 심화되어 가는 경우가 많다.

어찌되었던 구정면에는 지리시간에 배운 바대로 과수재배와 원예작물 등 일종의 도시 근교 농업에 종사하는 사람이 많았다. 버스가 없던 시절 호박 오이 가지 배추 나물 등 매일매일 소비되는 채소류와 난방과 취사용인 장작 등 땔감을, 여인네는 다라이에 이고 남정네는 지게에 지고, 걸어서 시내 시장에 공급할 수 있는 거리 만큼의 지역에 살고 있었기 때문일 것이다. 요즘도 구정면은 주요 작물로 포도밭 딸기밭 등이 많아 시내에 거주하는 분들이 직접 찾아와 사가거나 먹고 가는 경우가 많다.

① 파란만장 구정리

　내가 태어나고 초등학교 졸업 때까지 살았던 그리고 지금도 옛집이 있고 작은 개울 건너에 내 소유의 작은 밭떼기가 있는 구정리는 구정면에서도 상대적으로 삭고 외진 마을인데도 구정면이라는 이름을 낳은 본동(本洞)이다. 마을 한 복판에 거북이가 노는 깊은 샘이 있어 구정(龜井)이라고 했다가 나중에 일제 강점기 때 거북 구(龜)자가 너무 복잡해 언덕 구(邱) 자로 바꾸었다고 한다. 지금도 그 흔적이 남아있는 우물은 깊다기보다는 마르지 않는 샘 정도이고 그 아래 둠벙에 거북이 아닌 자라나 남생이 정도가 살았던 것을 옛사람들 특유의 과장법으로 거북 우물이라고 칭했던 것으로 짐작된다.

　구정리는 매봉산 왼편자락에서 잣밭둔지인 현 청파농장에서 흘러온 물과 매봉산과 칠봉산 사이에서 흘러온 물이 마을 입구에서 합쳐져 물이 풍부하고 농토가 기름져서 아마도 옛날부터 농사짓고 살기에는 가장 적합한 마을이었을 것이다. 어릴 때 보면 같은 면의 마을인 학산리나 여찬리 어단리 등은 모두 집이 띄엄띄엄 분포해 있었던 반면 이 구정리만은 100여호의 집이 시내처럼 다닥다닥 붙어 있어 불이라도 한 번 나면 반드시 서너집은 함께 타곤 했었다. 농업경제시대 목축보다 밭농사의 단위 면적당 소출이나 부양인구가 상대적으로 많고 밭농사보다는 논농사가 많기 마련이니 물이 풍부해서 논이 많았던 구정리가 소출도 많고 부양인구가 많았던 것은 어쩌면 당시로는 당연한 일이었을 것이다. 부양인구가 상대적으로 많은 논농사는 한자어로 답(畓)이라고 쓰는 데 이것은 밭 위에 물이 있다는 회의(會意) 문자이다. 즉 밭에 언제나 물을 공급할 수 있다면 논이 되는 것이다. 산 바로 아래에 위치하는 구정리는 산 중턱에 보(洑)를 막아 그 물을 둘레 물길로 만들어 그 주변에 물을 대고 곳곳에 논을 일구었다. 보(洑)는 주로 산 중턱에 위치했었고 응달마을의 보는 주로 현 청파농장 부근, 양달마을은 주로 현 솔향수목원 근처(솔향수목원이 위치한 곳의 옛 이름은 그래서 '보근내'이니 '보 건너'라는 뜻이다)에서 끌어 왔다. 상류에 위치한 보로부터 도랑물을 끌고 하류마을로 내려와 그 곳에 위치한 논에 고도(高度) 차이에 의한 자연 흐름을 이용해 논에 물을 대었던 것이다. 이런 점에서 말해 본다면 밭농사 중심이던 다른 이웃 마을과는 달리 구정리는 논농사 중심으로 부양할 수 있는 인구가 상대적으로 많았던 것이다. 반면에 그 아래 여찬리는 개울이 이미 농토보다 낮은 곳을 흐르고 있었으니 보를 쌓아 물을 댈 수 있는 지점이 한계가 있었던 것이다. 인근의 학산리와 어단리는 비록 산 아래에 위치하고 있기는 했으나 지질 구조상 물빠짐이 심한 선상지로 되어 있어 물을 가두어 둘 수 없어 개울가 일부를 제외한 땅에는 과수원과 밭 이외의 용도로는 사용하기 힘들었던 것이다. 구정리는 산 바로 아래 접하고 있는 지리적 이점으로 산에서 공급되는 땔감이나 버섯이나 나물 채취 등 생활필수품인 임산물(林産物)에서도 1차로 공급 받는 특혜를 누릴 수 있었던 것이다. 연탄을 이용한 난방과 취사가 일반화되기 이전 나는 형들을 따라 호신용 지게작대기를 들고 우리집이 관리하는 가산(家山)의 목진지에서 하촌(下村 아랫 동네) 사람들이 몰래 우리 산의 소갈비(불쏘시개용 솔잎)를 긁어 가거나 송아리(잔불용 솔가지 묶음)를 따가는 것을 막기 위해 캄캄한 밤이 될 때까지 경비를 서기도 했었다. 이런 여러 가지 요건이 유리한 덕분에 구정리는 상대적으로 인구밀도가 높았고 그런 만큼 밀집된 주거 형태를 띄고 있었다.

어린 시절 구정리 골목길에 들어서 헤매며 이집저집 기웃거리는 엿장수들의 시선의 틈새를 이용하여 마을의 악동(惡童)들이 리어카 위의 엿판을 들고 튀어 골목골목 고샅길을 도망치면 엿장수가 우왕좌왕하다가 그 날 장사를 접고 철수하여 투덜대며 돌아가는 것을 본 적이 있는데 이런 일은 시골로서는 오직 구정리에서만 가능한 일이었다. 그것은 시내의 집들처럼 집이 다닥나닥 붙어 있어 담 하나를 두 집이 서로 공유하는 곳에서만 가능한 일이었다.

요즘은 골목마다 번호를 붙여 과학적 주소록을 만들어 사용하지만 과거에는 골목길이나 고샅길에 특징적인 사물, 예를 들면 바위나 숲 등의 자연물이나 특이한 사물을 랜드마크 삼아 사용하여 "저기 골목 끝에 10칸 옛날기와집 뒷골목으로 들어오면 그 뒤에 우리 집이 있어" 그런 식으로 주소를 알려주었다. 어느 동네도 그렇겠지만 구정리 사람들도 고샅길 집들을 구분하기 위해 택호(宅號)를 사용하기도 했다. 택호는 여러 가지 방법으로 붙여 사용했는데 우리 집의 경우 할머니가 청량리에서 시집오셔서 우리집 택호는 청렝이집이었다. 그래서 75세에 돌아가신 나의 어머니는 돌아가실 때까지 호칭이 청렝이집 새댁이었다. 왜 그런지 동네사람들은 늙은 할머니를 여전히 새댁이라고 부르곤 했었다. 어떤 집은 어디서 이사 왔느냐에 따라 불려지기도 했다. 우리 집 옆에는 창동집, 말루집, 영세집 등이 있었다. 또 어떤 집 택호는 두부집 닭장집 등 그 집의 직업으로부터 오기도 했다. 요즘 식으로 말하면 인권침해적 요소가 있지만 그 집 주인이나 안주인의 신체적 특징을 가지고 택호를 삼는 경우도 있었다. 우리집 옆의 부잣집은 그 집 안주인이 몸통이 커서 도라무깡집, 주인이 6.25 참전했다 다리 하나를 잃어 의족(義足)을 했는데 정교하지 못해 걸을 때마다 뻐걱뻐걱 소리가 났는데 동네사람들은 그 집을 뻐걱이집이라 칭했고, 주인아저씨가 머리에 종기가 나서 하얀 땜통이나 흉터가 있는 집은 가래반데기집 감자솥이끼집등의 다소 잔인한 택호로 불려지기도 했다. 기타 집의 위치에 따라 말랑집 끝발이집 등의 택호도 있었다. 그런 집들이 밀집한 동네이다보니 이 동네 사람들은 이웃이 가깝고 담 너머로 자주 대화도 하고 서로 속속들이 속내를 아는 특성을 가지게 되었다. 그래서 이웃간의 다툼과 불화도 잦지만 그런 과정을 통해 형성된 일종의 전우애인 마을사람들끼리의 단합력은 다른 마을과의 경쟁 관계나 상황에서 두드러지게 나타나곤 했다. 60-70년대 새마을운동이 한창이던 시절에는 면민체육대회 같은 행사도 잦았다. 구정면의 경우 구정초등학교 교정에서 마을별 축구 계주 등의 종목을 중심으로 행사가 진행되곤 했다. 그럴 경우 대부분의 경우 구정리가 우승을 차지했다. 경기의 규칙이 확실하지 않고 심판의 판정도 들쭉날쭉하던 시절인지라 '생떼쓰기' '우기기' 등도 곧잘 통하곤 했었는데 그런 상황을 만드는 것도 그런 상황에서 최종적으로 유리한 판정을 받는 것도 거의 구정리였다는 것이 나의 기억이다. 다른 마을 사람들이 점잖은 양반이어서 그런 점도 있지만 대개 단체로 떼를 써대는 구정 사람들의 우격다짐에 좋은 것이 좋다고 넘어간 탓도 있었을 것이다. 그들은 각자 자기 마을로 돌아가면서 "구정리 놈들은 하여튼 못 말려"라든가 "똥이 무서워 피하지 더러워 피하나" 등의 말들을 주고 받곤 하는 것을 목격하곤 했었다. 그런 기질(氣質)은 시대가 흘러도 변하지 않아 실제로 2000년대 들어서도 청파동 인근에 고압 송전탑이 통과할 때 엄청난 단합력으로 항의하여 상당한 보상금을 받아내기도 했고, 또 강릉시가 관광활성화의 일환으로 청파농장 일대를 매입한 삼표연탄계열의 회사에 강원도와 함께 환경영향평가를 받고 골프장 허가를 내주었을 때 또 나타났다. 마을 주민들은 법원의 패소 판결에도 불구하고 시청 입구에 비닐로 텐트를 치고 몇 년을 농성한 끝에 결국 골프장 포기

약속을 받아내고 말았다. 농성과정에서 보상금으로 받았던 마을 기금은 고갈되고 심지어는 행정집행 방해죄로 벌금을 물어가면서 목적을 성취한 구정리 사람들을 향해 당국이나 주변 마을 사람들은 차라리 골프장 허가를 인정하고 취직 자리를 보장받든가, 골프장 출입구를 내어주고 그 옆에서 식당이나 카페를 하여 실속을 차리지 않았다고 '미련하다, 고지식하다, 무식하다'고 평가하기도 했지만 모두들 '참, 못 말리는 대단한 사람들이다.'고 혀를 내두르곤 했다. 그 이후에 구정리가 당국으로부터 유무형의 불이익을 받았을 것은 너무나 당연한 일이었을 것이다.

일제 강점기 전투식량 공출(供出)을 위한 소위 산미(産米) 증식정책을 시행하기 위해 강릉농업학교 학생들을 동원해 한 시군(市郡)에 마을 하나를 선정하여 정밀한 실태 조사를 할 때, 당시 강릉군(江陵郡)에서 이 구정리가 선정되었던 것은 그런 이유였을 것이다. 그런 만큼 일제 강점기 이 마을은 한(韓)씨 성을 가진 분이 중심이 되어 사립학교를 세워 구정학교라 이름짓고 개화계몽운동과 독립사상도 고취했었다고 한다. 역사학자들은 몽양 여운형이 교사로 있던 초당의숙과 선교장의 동진학교만 기억하는데 이 곳에도 작지만 학교가 있어 일제가 학산리에 4년제 간이학교를 세웠을 때에도 여전히 존속하며 '일본놈들이 세운 핵교엔 우리 아더르 안 보낸다 카이' 하며 버티었다고 한다. 그 구정학교의 집과 터는 지금도 남아 있어 내 초등학교 동창이 농사를 지으며 살고 있다. 개인적인 여담을 하나 보태자면 구정초등학교 6학년이던 1967년 시절 내가 어린이회장을 하고 있었는데 어느 가을 휴일 날 당시 65세 가량의 노인이었던 교장 장인상, 교감 김덕기 두 분이 어린 나를 데리고 구정리 뒷산 청파농장 언저리로 허위허위 데리고 가시더니 "삼균아, 니 잘 봐라. 요기

이 소나무부터 저어기 호랭이 살았다는 바위굴 앞 언덕까지가 우리 구정학교 땅이다. 우리는 얼마 뒤면 죽겠지만 니는 이 동네 사람이고 우리보다 오래 살 터이니 꼭 기억해 둬야 한다. 학교 땅을 감아 먹으려고 하는 놈들이 언제 어디서 무슨 짓을 할지 몰라 알려주는 것이니 꼭 기억해 둬라"고 하셨다. 최근에 구정초등학교에서 퇴직한 형님에게 확인해 보니 다행히 그 땅은 여전히 구정초등학교 소유로 남아 있다고 하여 저으기 안심하기도 했다. 사실 두 분이 알려주시기 전에도 나는 그 곳을 알고 있었으니 그것은 그 산에서 나는 임산물(林産物)을 날랐던 기억 때문이었다. 연탄도 귀하던 60년대 당시에는 겨울이 되면 학교 교실에서 화목(火木) 난로를 피웠는데 학급 당번을 맡으면 30분 일찍 등교하여 교실 난로에 불을 피우는 일이 그 날 당번의 큰 과업이었다. 먼저 공책 찢은 종이에 불을 피워 교실 뒤의 자루에 담아 놓은 솔방울을 적당히 날라다 불씨를 살린 뒤 어느 정도 불꽃이 살아나면 작은 나무토막부터 집어 넣어 불꽃을 키운 뒤 큰 통나무 장작을 넣어 난로를 피우는 것이 그 일이었다. 연기가 많이 나기 때문에 난로를 들여다 보며 연신 기침을 하고 추운데도 연기를 빼기 위해 덜컹거리는 창문을 한참이나 열어 놓고 있다 교실이 조금 훈훈해지면 창문을 닫고 그 때쯤이면 아이들이 하나둘 등교하기 시작했던 것이다. 그 때 꼭 필요한 것이 장작과 솔방울이었으니, 장작은 바로 이 연습림에서 인부를 사서 마련하고 그렇게 적당히 마른 장작을 학부형들이 지게를 이용해 학교 아래로 나르고 거기서부터 5, 6학년 남자들이 일렬로 서서 창고까지 운반하곤 했던 것이다. 물론 겨울방학 이전에 상급학년 남자들은 2자루, 기타 학년과 여자아이들은 한 자루씩 학교에 솔방울을 제출하는 것이 의무였다. 늦여름에는 퇴비를 20Kg 씩 제출했고 때때로 쥐꼬리도 일정량 제출했고 또는 잔디씨나 아카시아씨도 봉투에 담아 제출하기도 했었다. 개발독재 시대의 국민 총력 단결이란 구호는 이렇듯 시골 아이들에게도 직간접적인 영향을 끼치고 있었던 것이다. 게다가 봄이면 보리밭 밟기, 여름이면 가뭄 대책, 일요일이면 향토통학단이란 이름으로 마을 골목을 빗질하고 청소하거나, 삽을 들고 통학로를 보수하거나 봇도랑에 작은 삽다리를 놓는 노력 동원도 있었던 시절의 이야기이다.

학교 실습림이 있는 이 곳은 어릴 때 소를 풀어놓고 먹이던 곳으로 그 때는 자반둔지라고 불렀다. 그 입구 길에는 돌로 문지르면 고약한 냄새가 나는 우리가 '쿤내바우'라고 부르는 바위가 있기도 했다. 학교 수업이 끝나고 귀가하면 조금 머리 굵은 남자아이들은 부뚜막에 놓인 점심을 찾아 먹고 각자 자기 집 마굿간이나 마당에 매어 놓았던 소를 몰고 이 곳에 모여 들었다. 풀이 많은 곳에 대장 소를 중심으로 고삐를 소뿔에 둘러 자유롭게 풀을 뜯도록 풀어놓고 아이들은 묘들이 모여 있는, 당시 말로는 '묏등강'이라 부르는 널찍한 지역에 모여 닭싸움을 하거나 고상받기를 하거나, 철따라 감자 서리 밀서리를 하며 시간을 보내다 어둑해 질 무렵 소를 몰거나 타고 귀가하곤 했었다. 어쩌다 소가 남의 밭에 들어가 콩포기라도 뜯어먹을라치면 밭 주인으로부터 갖은 욕설을 단체로 듣기도 했었다. 그렇게 소 먹이고 놀던 곳이 바로 자반둔지였다. 아마도 잣나무가 많아 잣밭[柏田]이고 선상지여서 둔지라고 붙인 이름이 그렇게 불린 것 같다.

지금은 그 곳에 30여 호의 마을이 조성되어 있어 청파동이라 불리는데 거기에는 많은 사연이 숨어 있다. 1960년대 5.16쿠데타로 집권한 박정희정권의 2인자가 잘 알다시피 JP라고 불리던 김종필이었는데 그는 처삼촌인 박정희를 도와 육사 8기들을 쿠데타 동조세력으로 모아 실권을 장악했었다. 육사 8기들은 전쟁을 만나 단기(短期)로 수료증을 받고 소위를 달고 전투현장에 투입되어 많은 희생자를 낸 기(期)였다. 그 중에서도 춘천에서 적의 탱크부대를 온 몸으로 막아내다 장렬히 전사한 8기 최초의 전사자 심일(沈鎰)이란 사람이 있었다. 그 심일 소위의 아버지는 원주에서 여관업을 하던 심기연이란 분인데 이 분은 아들 셋을 모두 6.25전쟁에서 잃은 분이었다고 알려져 있다. 어릴 때 극장에서 영화 상영 전에 보여주던 대한늬우스에서 태극기할아버지로 소개된 것을 본 적이 있는데 장남은 육사 8기의 심일 소위이고 둘째는 경찰로 전사하고 셋째는 학도병으로 전사했고 그래서 육사 8기들이 '8기의 아버지'로 모시고 때를 맞추어 세배도 하고 인사도 드리는 분으로 보도되었던 것으로 기억된다. 수 십 년 뒤 심일 소위의 행적에 문제를 제기하는 의견도 있었던 것으로 알고 있지만 60년대 당시에는 전쟁영웅이었고 춘천시 삼천동 어린이회관 앞에 동상도 서 있었던 것으로 안다.

〈청파농장을 일군 심기연 옹의 가묘(假墓) 터. 현재는 송덕비가 들어서 있음〉

쿠데타 성공 후 실세가 된 육사 8기들은, 심기연 옹의 '산지(山地)를 개발하여 화전민과 빈민들을 모아 자립할 수 있게 도와주고 싶다'는 소원을 들어주었던 듯하다. 그래서 매봉산 산자락의 경사가 완만했던 이 자반둔지는 심기연옹이 개간하여 농장을 만들게 되었다. 그 분의 호를 따서 청파(靑坡) 농장이라 불리게 되었고 마을 입구에 그 분의 가묘(假墓)가 아직도 잣나무 사이에 있다. 아마도 박대통령이 일본에서 라면이란 새로운 먹거리를 갖고와 식량 자급문제를 해결하겠다고 공언한 김화출신 삼양라면 전중윤에게 대관령에 목장을 하도록 허가한 시기와 비슷한 시기였을 것이다. 또 강원도지사였던 박종성이란 분이 산불의 원인이 되기도 하고 또 간첩들이 잠입하여 안전한 피신처나 연락처로 사용한다고 화전민의 독립가옥을 완전히 철수하겠다는 정책과도 시기가 잘 맞았던 것으로 보인다. 산지를 농지로 개간하는 동안 심기연옹이 나의 둘째할아버지댁에 하숙을 하셨기 때문에 어릴 때 나는 그 분의 꼬마친구였다. 그래서 나는 당시로는 귀했던 불도저 옆자리에 타고 흙을 밀어내는 평탄화작업도 지켜볼 수 있었고, 그 할아버지와 개울에서 가재를 잡아, 모빌유 빈 깡통에 삶아 붉게 변한 가재를 발라먹으며 마주 보고 낄낄대며 웃기도 했었다. 아무튼 그렇게 조성된 농지에 30여호의 입주민들이 들어왔고 그들은 심기연 옹으로부터 땅을 받아 아마도 인생 처음 자기 땅을 갖게 되었던 것이다. 그들은 주로 밭농사를 지었고 이윽고 구정리 7반으로 편입되어 구정리민이 되었다. 그 때로부터 4-50년이 흐른 후 심기연 옹도 별세하시고 마을의 선주민(先住民) 1세대들도 거의 돌아가시고 자녀들이 도회로 나가 살기 시작하면서 이 마을도 본래의 의미가 퇴색한 채 보통의 마을처럼 집을 사고파는 그저 그런 마을이 되었다. 오히려 마을 옆의 절터에 생긴 청학사(靑鶴寺)란 절에 다니는 사람들만 오르내리는 곳이 되어 버리고 말았다.

그러다가 2018 동계올림픽을 유치한 강릉시가 삼표연탄그룹과 함께 이 곳에 Ocean view의 골프장을 짓겠다는 계획을 발표했고 이곳 사람들은 구정리 사람들과 힘을 합쳐 반대 농성을 시작했다. 구정리 왼쪽 골짜기엔 골프장을 오른쪽 골짜기엔 솔향수목원을 세워 관광객들과 시민들에게 스포츠와 레저공간을 제공하겠다는 강릉시의 계획에 따라 청파농장의 농토 대부분은 이미 동해임산이라는 삼표연탄그룹의 자회사 손에 소유권이 넘어갔다. 강원도청에서도 골프장 허가가 떨어졌으나 강릉시 청사 앞에 텐트를 치고 노숙을 하며 농성을 하는, 혹은 떼를 쓰는 주민들의 억센 기세를 꺾을 수 없어 골프장은 아직 시작도 못 했다. 그러는 사이 주민들 사이에는 찬반 양파가 갈려 내홍을 겪기도 했고, 이웃 마을들은 잽싸게 건설 환영의 플랭카드를 걸고 보조금을 타 먹는 등의 수많은 일들이 있었고, 농성하는 동안 마을 기금은 적자로 변하고 심지어는 법원 판결로 불법점거가 되어 벌금을 물기도 했으나 주민들의 옹고집을 꺾지는 못 했다. 그래서 골프장은 결국 공사 중단이 되었고 다만 필자가 어릴 때 용소(龍沼)라 부르며 놀던 마을 오른쪽 계곡에는 솔향수목원이 조성되어 시민들의 훌륭한 휴식처가 되어 있다. 요즘은 그 진입로 인근에 미술관 카페 등 여러 카페들이 들어서고 있기도 하다. 그러나 강릉시의 원래 계획이었던 마을 좌측은 골프장을, 우측은 수목원을 조성하여 구정리를 강릉시민들의 종합적인 휴식공간을 만들려던 계획은 일단 절반의 완성으로 남게 되었다.

이 마을의 앞에는 오래된 솔숲이 조성되어 있다. 아마도 오랫동안의 외침(外侵)과 난세(亂世)를 피하기 위해 솔숲으로 마을 입구를 가리는 은둔(隱遁)처의 모습을 지니고 있고 이 마을을 통해 다른 지역으로 가는 도로도 없으니 일종의 마가리 마을이기도 하다. 다만 과거 걸어서 서울로 가던 시절에는 솔향수목원에서 버들고개를 지나 왕산 끝자락 새재를 넘어 밭갈이쪽으로 대관령을 넘는 코스도 이용자가 많았다고 한다. 조선말이나 일제 초기에 왕산면과 정선 임계면의 일부는 구정면에 속해 있었으니 그런 상경(上京) 코스가 자연스럽게 생겼던 모양이다. 실제로 우리 집안 조상들의 묘소도 왕산면 밭갈이나 늘목재 삼왕리 등에 있으니 과거에는 같은 생활권이었던 모양이다.

〈소나무 숲으로 가려진 구정리 입구〉

 구정리에는 큰 개울이 두 개가 있어 하나는 현재의 솔향수목원쪽에서 내려오는 개울이고 다른 하나는 청파농장쪽에서 흘러오는 개울이며 이 두 개울은 마을 입구 성황당 앞에서 하나로 모여 구정천이 되어 여찬리 장현저수지쪽으로 흘러간다. 구정 사람들은 수목원쪽에서 흘러오는 개울물의 오른쪽을 양지말 왼쪽을 응달말이라고 부르는데 응달말은 양쪽 개울 한 가운데에 위치한다. 그 음지마을 끝자락 즉 마을 입구 성황당 다리 건너에는 수백년 되는 소나무들이 울창한 동네숲이 만들어져 휴식공간을 제공했다. 소나무들에는 V 자가 수없이 겹쳐진 상처를 다들 안고 있었으니 그것은 일제 강점기 수탈을 하다하다 마지막으로 소나무 송진까지 뽑아 비행기 기름으로 대신하려 했다는 슬픈 역사를 간직하고 있다. 몇 년전까지 이 곳에서 마을 부녀회에서 감자적을 부쳐 시내 사람들이 찾아오는 여름 한 철 명소(名所)였으나 그 이후 보건시설이 제대로 갖추어져 있지 않다고 관청으로부터 영업정지를 당했다고 한다. 감자적 장사 이전에도 이 곳은 마을 사람들이 모여 술과 음식을 나누는 장소였으니 그 대표적인 것이 '질먹기'였다. '질'은 표준말로는 '길'이라고 하는 것으로 농공시필기 사이사이 중간 정산(精算)도 하고 회식도 하는 날을 그렇게 불렀다.

'질 먹기' 얘기가 나온 김에 지금은 사라진 60년대의 농번기 풍경을 마지막 목격자로서 한 번 기록해 본다.

요즘 사라진 단어 중에 농번기(農繁期)라는 말이 있다. 주로 봄철 모내기가 시작되어 끝날 때까지를 가리키는 경제개발 이전의 용어로 '부지깽이도 일손을 보탤' 정도로 농촌에서는 가장 바쁜 시절을 이르는 말이다. 그 때는 학교에 따라 사정이 다르긴 했지만 농촌지역 학교에서는 며칠간 '농번기(農繁期) 방학(放學)'을 하기도 했었으며 그걸 본 따 어촌지역에서는 앵미리나 명태들이 쏟아져 나올 때는 어번기(漁繁期) 방학을 하기도 했었으니 아마도 공부보다 생존이 중요했던 가난한 시절의 풍속도일 것이다. 농번기는 대개 봄의 파종기와 가을의 수확기에 걸쳐 두 번이었는데 시기적으로는 봄이 더 중요했다.

나는 우리 시골식 분류법에 따르면 '농새꾼'이 아니라 '핵교꾼'에 해당되는 사람이다. 토종 농사꾼인 나의 아버지는 자식들에게만은 이 힘든 농사일을 대물림하지 않겠다는 비장한 각오로 우리 형제들을 학교로 보냈고 그만큼 학비 조달에 고생을 많이 하셨다. 거기에 편승해 나름 귀염둥이 막내아들이었던 나는 밭일이 있을 때 '학교 숙제가 밀려 있다'는 새빨간 거짓말로 집 지키기를 자처하여 농사일을 배울 기회를 스스로 상실했고 그런 만큼 농사일을 잘 모른다. 이 글은 그런 면에서 어설픈 농사 목격자의 한계가 고스란히 드러나는 내용이 될 것이다.

대동강물이 풀린다는 우수(雨水) 경칩(驚蟄)이 지나고 나면 농부들은 논에 물을 가두기 시작한다. 겨우내 딱딱하게 얼어붙어 있던 논에 물이 들어가면서 흙덩이들이 풀려 흐물흐물해지고 논둑에도 푸릇푸릇 봄기운이 전해지면 농부들은 논 귀퉁이에 거름을 넣어 가꾼 뒤 못자리판을 마련하여 작은 두둑을 만들고 볍씨를 뿌리기 시작한다. 망종(芒種)전에 모내기를 끝내기 위해서는 서둘러야 했다. 요즘은 규격화된 모판에 상토를 넣고 볍씨를 비닐하우스에서 가꾸어 이앙기로 볍씨를 논바닥에 꽂아 심지만 당시에는 논 한 귀퉁이에 모판을 만들어 모를 키웠다. 나중에는 비닐이 보급되기 시작하여 봄추위를 막기 위해 비닐을 덮기도 하여 조금 계절적 신축성이 생기기도 했다. 화학비료의 공급이 원활하지 못했던 시절에 논에 넣었던 유일한 거름 성분은 퇴비와 쇠똥이었고 벼는 그 기운으로 자라나게 되어 있었다. 물론 벼만 자라는 것이 아니라 논에서는 우렁이를 비롯해 용곡지라 불리는 작은 물고기와 논흙속에서 사는 미꾸라지도 많았다. 미꾸라지는 주로 겨울에 논흙을 쇠스랑으로 파서 잡았고, 모내기 철에 주로 수확하여 매운탕 거리가 되는 것은 용곡지(용고기)라는 작은 물고기였다. 우리 집의 경우 모내기 준비하기 위해 적당히 논물을 빼야 할 때, 봇도랑에 쳇바퀴를 놓고 적당히 물을 빼면 물길을 타고 흘러온 용고기가 한 주전자 이상 잡혀 저녁에 매운탕을 끓여 일꾼들을 대접하기도 했다.

이 때는 주로 봄가뭄이 심한 경우가 많아 공동으로 보(洑)를 막아 물을 대는 논들은 다소 여유가 있었지만 나머지 논들은 모내기할 물을 대느라 어려움이 많았다. 당시는 이런 논은 오직 하늘에서 내리는 빗물에만 의존한다고 하여 천수답(天水畓)이라 했다. 농사도 한철 장사라 모내기를 제 때하지 못하여 시기를 놓치면 1년 농사를 망치는 까닭에 농부들은 물을 확보하느라 눈에 불을 켜곤 했다. 도랑이나 개울에 파래라는 물 긷는 도구(표준말로 용두레라고 하는 것으로 알고 있다)를 설치해 밤새도록 퍼올리는 집도 있었고, 아랫논 주인이 윗논 논섬(논둑)에 밤에 몰래 지게작대기 같은 것으로 구멍을 뚫어 자기 논의 논물을 뗐다가 서로 주먹질을 하는 사건 등도 가뭄 때엔 흔한 일이었고, 양수기(揚水機)가 보급되기 전에는 골짜기 끝자락의 다락논은 아예 모내기를 포기하는 경우도 많았다. 그럴 때쯤 라디오 뉴스에선 "식량 자급의 풍년(豊年) 농사를 위해선 천수답(天水畓)을 없애고 수리시설을 강화하고 다목적댐을 건설하겠다"는 농림부 장관의 하나마나한 성명이 발표되기도 하곤 했다. 오죽하면 세상에 가장 행복한 일이 자식새끼 입에 밥 들어가는 것과 마른 논에 물 들어 가는 것이라는 속담이 생겼겠는가.

우리 집 논의 경우 봄에 영양 성분이 부족하면 아버지가 논 가에 있는 산에서 떡갈나무 등 참나무류의 잎을 베어(이걸 갈꺾는다고 한다) 못자리판에 던져넣기도 했다. 참나무 종류의 나뭇잎은 영양분이 많고 무엇보다 부영양화하는 분해 속도가 빨라 즉시 효과가 있어 예부터 농부들이 이용했고 그 때문에 '참'나무라는 영광스런 이름이 붙여진 걸로 보인다. 한 해 풍흉(豊[凶])이 퇴비 증산 여부에 달려 있다는 듯이 모두들 거름 생산에 매진했고 우리들도 학교에 퇴비를 학년별로 일정량 제출하기도 했었다. 모두 화학비료가 일반화되기 이전의 얘기이긴 하지만 그만큼 거름이 중요했다. 사실 소의 가장 중요한 역할도 밭갈이가 아니라 거름 생산이었고 집집마다 두엄더미가 마당 한 옆에 있어 모든 거름이 되는 것을 거기에 모아 쌓았다. 그 때 성실한 사람의 상징이 밖에 나가 놀다 똥 마려우면 집의 액비통에 와서 싸는 사림일 정도였으니 쇠똥뿐만 아니라 사람의 인분이나 오줌도 좋은 거름이 되던 시절의 풍속일 것이다. 소가 없는 집은 감히 큰 농사를 할 생각도 못 했고 소가 없는 제주도에서는 그 거름 생산 기능을 돼지가 맡아서도 했으니 그것이 바로 똥돼지의 탄생이었으리라.

　물을 댄 논의 흙이 어느 정도 풀려 물렁물렁해지면 '논삶기'에 들어간다. 요즘 사람들은 '삶다' 라고 하면 그릇에다 음식 재료를 넣고 물을 부은 뒤 열을 가해 끓이는 것만을 생각하는데 원래는 아마 "용도에 맞게 흐물흐물하게 만들다. 혹은 살게 만들다" 정도의 뜻을 가진 것일 것이다. 논 삶기는 먼저 두엄더미에 재워 푹 익힌 거름을 논으로 날라다 골고루 뿌린 뒤 황소에게 멍에 등 장비를 채워 '보그래질'을 했다.

〈보그래와 보그래질〉

우리 어릴 때 동네에서 사용한 용어인 '보그래'는 논에서만 사용하는 쟁기였다. 흙이 양쪽으로 나누어지며 주로 밭에서 사용하는 것은 '흙젱이'(아마도 흙쟁기의 사투리인 듯)라 했고, 논에서만 사용하는 흙이 한쪽으로 밀려나며 더 깊이 갈리고 바닥이 약간 S자 형태로 된 것은 '보그래'라고 불렀다. '보그래'는 아마 표준어는 아닌 듯 한데 표준어에서 따비나 보습 등으로 불리는 것으로 알고 있다. 이 일은 매우 힘이 들어 수소 중에서도 매우 노련한 황소들만이 할 수 있었고 그 황소를 부리는 농부도 상당한 기술자여야 했다. 돌아가신 나의 아버님은 이런 방면의 노련한 기술자 농부로 평가받았다.

한 마리의 소가 이런 일을 하기까지는 꽤 많은 시간과 노력이 필요했다. 우리 집의 경우를 예로 들면 숫송아지를 사서 얼마간 등이 넘도록 잘 먹여 어느 정도 자라면 코뚜레를 했다. 코뚜레는 주로 등나무나 다래나무 등 잘 휘어지는 나무로 만들어 그 끝을 뾰족하게 다듬은 후 여러 사람이 소 대가리를 붙잡은 상태에서 소의 콧구멍을 수평으로 강제로 뚫어 채우는 것으로 시작된다. 어느 정도 상처가 아물면 짚으로 만든 목걸이 같은 것을 채워 코뚜레를 고정시킨 뒤 거기에 밧줄을 맨다. 코뚜레는 말에게 채우는 자갈 같은 역할을 하는 것으로 힘센 동물을 통제하기 위한 인간이 만든 '잔인한' 도구라 보면 될 것이다. 말이 그렇듯 고삐를 오른쪽으로 당기면 코가 아픈 소가 우측으로 고개를 돌리게 되고 그러면 '우회전'이 되는 것이다. 고삐를 왼쪽으로 당기면 좌회전, 그리고 아주 세게 당기면 '유턴'이 되는 것이다. 유턴에도 좌유턴 우유턴이 있고 이 때 농부가 쟁기를 들어 소의 돌아선 몸과 나란히 맞추어 주는 것도 매우 중요한 일이다. 아버님은 '이랴' '돌아서고'

등의 몇 마디 용어로 소와 일체가 되어 그런 일을 해내곤 하셨다.

〈코뚜레한 소의 모습〉

훗날 내가 대학 다닐 때 방학하여 시골집에 오면 아버님은 그 때 이미 실농부에서 은퇴하시고 소도 키우지 않으셨다. 물론 내가 대학 등록금 낼 때마다 여러 마리 팔아먹은 요인도 있지만 소를 갖고 농사를 지을 만한 큰 농사는 이미 손에서 놓았기 때문일 것이다. 집 앞의 가까운 밭농사만 작게 짓고 계시던 아버님은 바퀴가 달리고 상대적으로 크기도 작은 쟁기를 갖고 밭을 가실 때 나를 소 대신 이용하기도 하셨다. 내가 마치 내가 팔아먹은 황소라도 된 듯 밭고랑 끝까지 낑낑거리고 쟁기를 끌고 가면 아버님은 쟁기를 깊게 혹은 얕게 다루면서 필요한 만큼의 두둑을 만들어 나가셨는데 밭고랑 끝에서 내가 제대로 돌아서지 못하면 "대학생이란 놈이 소보다 미련하니, 저런 대가빠리로 무슨 공부를 하냐"고 혀를 끌끌 차곤 하셨다. 그만큼 소에게도 농부에게도 노련해야 하는 일이 밭갈이 논갈이였던 것이다.

나중에 제레드 다이아몬드 교수의 명저 〈총.균.쇠〉를 읽으니 먼저 문명화된 유라시아가 아프리카나 아메리카를 지배한 힘의 출발점이 소나 말을 농업에 이용하여 잉여노동력이 생긴 것에서부터 출발했다고 말하고 있으니 소를 농업 활동에 이용하는 것이 그리 큰 일인 줄 그 때는 미처 몰랐었다. 오해할까봐 말하지만 다이아몬드 교수는 선진국이니 후진국이니 하는 인류 문명의 차별적 발달은 두뇌나 능력의 차이가 아니라, 길들여 가축으로 이용할 수 있는 동물의 존재 여부, 농업 환경에 맞는 기후나 종자나 토양의 분포가 결정적이라는 얘기를 하셨던 것이다.

18세 정도가 되어 힘이 붙으면 팔례를 한다고 하여 요즘 말로 하면 일종의 성인식을 했는데 단순히 성인이 되는 것이 중요하다기보다는 그 시점부터 어른 품삯을 받기 시작한다는 것을 말하니 근력(筋力)뿐만 아니라 농사에 대한 지식도 나름 갖추어야 하니 그것이 그리 쉬운 일은 아니었다고 한다. 어른들의 말을 들으면 더 옛날에는 마을 입구에 큰돌을 놓고 그 돌을 덜렁 들어 가슴께까지 끌어올려야 성인 품삯을 받을 수 있어 그 돌을 '들돌'이라 하여 마을마다 하나씩 있었다고 한다. 실제로 보리나 밀이 다 익으면 베어 지게에 실어 집으로 날라온 뒤 마당에서 탈곡을 하곤 할 때(이걸 마뎅이 한다고 한다) 마당에 삼각형 모양의 나무틀을 세우고(이걸 표준어로 개상이라고 한다) 그 위에 비스듬히 큰 돌을 얹어 놓은데 그 돌이 성인이 아니면 들 수 없는 큰 돌이었다. 그 돌을 탯돌이라고 하는데 그 정도는 덜렁 들어 얹어야 성인이었던 것이다.

〈탯돌의 모습〉

그 돌에다가 단을 묶은 보리와 밀을 강하게 패대기 쳐서 줄기와 알곡을 분리하는 작업을 태질한다고 했다. 강릉지방에서는 겨울에 눈길에 크게 넘어진 것을 '공중태기'를 친다고 했는데 바로 여기서 나온 말이다. 들깨나 참깨는 함지박을 엎어 놓고 살살만 때려도 "깨가 쏟아질" 정도로 재미나게 깨알이 쏟아져 소복소복 쌓였고, 밀도 탯돌 아래 금방 알곡이 수북하게 쌓여 마뎅이가 재미있었다. 그 중 가장 지랄스러운 마뎅이가 보리 타작인데 일단 태를 쳐서 보리 고갱이를 분리한 뒤 마당에 늘어놓고 도리깨질을 엄청 해야 했다. 윙윙 소리가 나도록 도리깨질을 하면 알곡 더미에서 먼지가 푹석푹석 피어오르고 그 먼지와 함께 보리꼬셍이 끝의 가는 침 같은 북떼기도 같이 날아올라 옷이고 머리칼이고 등짝이고 목덜미고 가리지 않고 내려앉아 때꼼때꼼 가렵게 하곤 했다. 그래서 보리 마뎅이의 끝은 항상 수돗가에서 펌푸물로 등목을 하거나 아예 개울에 나가 목간을 하는 것이 필수였다.

〈풍속화 속의 도리깨질〉

다시 논농사 얘기로 돌아가자. 모가 어느 정도 자라 한뼘쯤 되면 동네가 협의하여 공동으로 모내기를 시작했다. 교과서에서는 이걸 두레라고 하는데 우리는 그저 품앗이한다고들 말했다. 각 집이 가진 논의 평수와 차출할 수 있는 인력과 기타 사정을 감안하여 모내기 계획이 수립되었고 며칠 사이에 온 동네의 모든 논의 모내기가 완성되어야 하므로 이 때는 정신없이 바빴고 우리가 농번기 방학을 하는 때도 바로 이 때였던 것이다.

아무튼 모내기를 하기 전에 먼저 보그래질을 통해 거름이 땅속에 침투할 수 있도록 논을 깊이 있게 갈아 엎었고(요즘엔 이걸 로타리 친다고 한다) 그 다음에 써레질을 했는데 써레란 잔가지를 처내고 조금 남긴 작은 소나무를 옆으로 십 여개 엮어 묶은 것으로 이걸 끌고 논바닥을 이리저리 다니면 흙덩이는 잘게 부서지고 논바닥이 말랑말랑해지는 것이다. 밭에도 써레질을 하는 경우가 있는데 이 경우 써레에 무게를 더하기 위해 그 위에 돌을 얹거나 어떨 땐 어린애를 태워 끌기도 했었다.

〈써레와 써레질〉

논에 써레질을 하여 1차 작업을 한 후 모내기 당일이 되면 시작하기 전에 먼저 높이 30센티 길이 2-3미터쯤 되는 좁고 긴 고무래같은 판자를 보그래나 흙쟁이 대신 채워서 소가 끌고 다니도록 하면서 2차 평탄화 작업을 한다. 이걸 번지질한다고 하는데 눈으로 논의 높낮이를 측정하여 수평(水平)을 잡아야 하기에 매우 고난도의 작업이었다. 우리 동네의 경우 울 아버지가 거의 유일한 기능보유자로 긍지를 넘어 빼기기까지 하시곤 했다.

〈번지와 번지질〉

이렇게 번지질을 하는 가운데 못자리 판에서는 한 뼘쯤 자란 모를 뽑아 묶어 한 웅큼씩 볏짚으로 묶었다. 이걸 '모를 찐다'고 했는데 이렇게 묶은 모 덩어리를 '모슴' 혹은 '모쌈'이라고 했는데 이 물이 질질 흐르는 모를 지게 위의 비료 비닐 푸대를 간 바수가리에 지고 논에 쏟아 부어 놓으면 그걸 모내기할 논에 군데군데 던져 놓는 것은 주로 아이나 여인네가 하는 일이었다. 모내기가 시작되면 나 같은 10살 남짓의 초딩 저학년 아이들이 담당한 것은 '못줄잡기'였다. 끝을 뾰족하게 다듬은 나무 몽둥이에 노끈을 길게 늘어뜨리고 일정한 간격으로 붉은색 천이 끼어져 있는 못줄을 풀어 이쪽 논둑과 저 쪽 논둑에 마주 보고 앉아 팽팽하게 줄을 당겨 꽂으면 모내기가 시작되었다. 어른들은 모를 한 웅큼씩 쥐고 2-3미터 간격의 담당구역으로 섰고 기능이 다소 떨어지는 사람은 그만큼 간격을 좁혀서 섰다. 모내기가 시작되면 모쌈에서 2-4포기의 모를 뽑아 장지 손가락을 이용하여 논에 찔러넣고 마무리를 하면서 왼쪽부터 오른쪽으로 자기가 맡은 구역을 심어 나가기 시작하는 것이다. 그러면 못줄 잡은 아이들도 덩달아 이동을 하고 모내기 일꾼 뒤의 보조 스태프들도 모쌈을 이리저리 옮기거나 던져 놓는 등 일꾼들이 최대한 쉽게 일할 수 있도록 보조하는 일에 최선을 다했다. 어설프게 하여 시간에 공백이 생기거나 하면 즉각 불호령이 떨어지기 때문에 이 때에는 모두가 긴장을 하여야 했다. 양쪽 논둑의 못줄 잡은 아이들끼리 의욕이 넘쳐 서로 당기다 못줄이 끊어지거나 아이 자체가 논바닥에 내리 굴면 아이 걱정보다는 모내기 걱정에 불호령이 떨어지곤 했다. 못줄의 간격이 몇 포기를 심었느냐와 관계있어 알곡의 생산량과 연결되고 모쌈의 원활한 공급이 노동 생산성과 밀접한 관계이니 그럴만한 것은 당연한 일이었다.

그러나 가장 즐거운 것은 점심시간이었다. 누군가 저 벌판 구석에서 함지박에 밥을 이고 오는 행렬을 보면 "점심밥 떴다. 이 논배미 마주 끝내자"라고 소리치면 일손에 신바람이 나기 시작했다. 이윽고 수건을 덮은 함지박을 인 어머니와 누나 이웃집 아주머니들이 속속 도착하여 논둑 귀퉁이에 밥상을 차리면 일꾼들은 논둑의 풀을 뽑아 다리에 붙은 거머리를 쓱쓱 문대어 떼어내고 거머리가 빤 자리에 피가 여전히 조금씩 흘러내리는 데도 전혀 개의치 않고 대충 손을 씻은 뒤 논둑에 퍼질러 앉기 시작했다. 요즘 급식 먹으러 학교 다닌다는 아이가 있듯이 점심밥이 도착하면 인근 밭의 영감님들도 슬금슬금 안부를 물으며 자리를 잡고 집의 부엌에서는 손도 까딱 안하던 옆집 미운 새며느리도 반찬통을 들고 논까지 따라와 괜히 수건으로 없는 땀을 씻는 척하곤 했다.

새참이 주로 부침개나 국수류이었던데 비해 모내기 날의 점심인 '못밥'은 정말 호화판이었다. 평소에는 구경을 잘 못하는 커다란 고등어 구이와 꽁치조림도 나오고 기름 발라 구운 김과 생미역을 넣은 생채 등 각종 무침 반찬도 풍성하였고 밥에 강낭콩을 넣기도 했다. 지금도 기억나는 것은 일꾼 아저씨들이 왼손에 밥사발을 들고 밥을 퍼먹던 광경이다. 워낙 고봉(高峰)으로 밥을 담다 보니 그릇 윗부분이 그릇 안부분보다 더 많아 손으로 들지 않으면 무게 불균형으로 쓰러질 정도의 거대한 밥사발을 금방 우걱우걱 소여물 먹듯 먹은 아저씨들은 밥을 더 청하기도 했다. 요즘 생각해보면 엄청난 노동 강도(强度)에다가 거의 유일한 영양 공급원이 밥이었으니 많이 먹을 수밖에 없었던 것 같다.

우리 집은 일 년 중 유일하게 모내기하는 날만 가마솥에 밥을 했다. 식사 인원이 2-30명이었으니 평소 밥하는 솥으로는 부족했던 것이다. 특히 나는 그 때나 지금이나 솥이끼(누룽지)를 좋아했는데 어머니는 나를 위해 수고를 마다하지 않으셨다. 밥을 다 푼 후에 아직 촉촉하게 바닥에 늘어붙은 누룽지를 큰 부엌칼로 가로세로 경도와 위도로 작은 공책만하게 나눈 뒤 설탕을 조금 뿌리고 솥에 군불을 조금 더 때면 누룽지가 칼끝따라 공책같은 자박이 일어나며 맛난 누룽지가 되었다. 다른 식구들의 눈을 피해 그걸 곳간 속에 보관했다가 얼개미(체)에 담아 나에게 건네 주시곤 했다. 심지어는 아버님이 나이 들어 농사를 짓지 않게 된 내 총각선생 시절에도 집에 가면 어머니가 모내기 누룽지를 내오시곤 했다. 알고 보니 이 막내아들을 위해 모내기하는 집에 가서 부엌 일손을 돕거나 그렇지 않으면 술이나 음료수를 사가지고 가서 얻어 오신 것이었다.

그럭저럭 모내기가 끝나고 나면 그 다음에는 짐(김)매기가 이어졌다. 김매기는 보통 두 번을 했는데 앉은 키만 하게 자란 꺼칠한 벼 포기 사이에서 김을 매는 일이 여간 힘들지 않았다. 모내기보다 더 힘이 들어 남자들만의 고단한 일이 김매기였다. 더 예전에는 마을마다 두레 조직을 만들어 농자천하지대본(農者天下之大本)이라고 쓴 깃발을 대나무에 걸어 앞세우고 동네마다 이웃 두레와 누가 누가 더 잘 매나, 빨리 끝내나 경연을 하기도 하고 그 와중에 농요(農謠) 대결을 벌이기도 했다고 한다.

우리 옆 동네 학산마을에 무형문화재로 남아 전래되고 있는 '학산 오독떼기'가 그 때의 농요라고 하나 나는 직접 그 광경을 보거나 들은 적은 없다. 오독떼기의 전설적 선창(先唱)꾼인 고(故) 동기달 선생은 내 친구 아버지이기도 한데 그 양반은 생전 나와의 인터

뷰에서 "일년 농사 중 젤루 힘든 기 짐매기인기라. 질퍽질퍽한 논에서 풀포기를 뽑아 뭉쳐 논바닥에 깊이 집어 넣으면서 앉은 걸음으로 앞으로 나아가면 방구가 절로 터져나올 정도로 힘이 드는기라. 너무 힘드니까 패를 모아 서로 울력하여 일하면 힘이 덜 들었지. 그러면서 동네별루, 말하자면 노래 자랑을 했는데 선창꾼이 젤루 중요한기라. 선창꾼은 초성도 좋아야 하지만 문세가 많아야(가창 능력도 좋아야 하지만 창작 능력이 뛰어나야) 하는 기라. 한 번은 저고리골 논에서 구정리패와 학산리패가 한 판 붙은 기라. 윗논들은 구정논이고 아랫논들은 학산논이라 서로 마주 보고 기를 써가며 오독떼기를 했는데 한 나절을 계속 한기라. 그러다가 구정패가, 그 패 선창꾼은 왜 자네도 아는 창모아버지인데 중심 때가 돼가니 슬슬 바닥이 나민서, 했던 노래를 또하는 기라. 그래서 우리 학산패가 이기고 내가 요즘 말로 하면 동네 영웅이 됐었잖는가. 아이 김(초벌/애벌 김)맬 때 져놓으니 재벌 김 때는 아예 우리한티 붙을 생각을 못 하더구먼" 이라고 증언하기도 했었다.

　우리 구정 동네의 경우 급한 모내기가 끝나고 두 번 째 재벌 김을 매고 나면 대충 하지가 지난 6월말 칠월 초쯤이 되고 그럴 때쯤이면 마을의 두레패마다 모여 질(길)을 먹었다. 이 때 쯤이면 보리 이삭도 여물어 타작이 되어 지긋지긋한 보릿고개도 끝나고 어떤 집에서는 감자도 여물어 캐어내 적도 부쳐 먹을 수 있었다. 질을 먹는다는 것이 어떤 어원(語源)을 가진 단어인지는 모르겠으나 내가 기억하기로는 농촌의 중심인 논농사의 모내기와 김매기라는 큰 일이 끝나고 일단은 정리할 것은 정리하면서 가을 수확철까지는 각자 밭농사에만 신경을 쓰면 되어서 말하자면 농사일의 한 단계 매듭짓는 일로 기억된다. 논 마지기나 가진 집은 좀 더 내고, 없는 집은 없는 대로 음식을 만들어 같이 먹고 나누는 행사인데 이 날 가장 중요한 일은 품삯을 정산(定算)하는 일이었다. 성인남자의 1일 노동량을 한 품이라고 하고 팔례(성인식)를 하지 못한 18세 이하 청년과 부인네는 반 품으로 치고 소는 한 품반이나 두 품으로 쳤다. 소를 몰고 논갈이를 한 성인남자가 열흘간 일하면 스무 품이나 설흔 품이 되고, 가장(家長)이 아파서 부인네만 열흘간 참여했으면 닷 품이 되는 것이다. 거기에다 노동력이 투입된 논의 평수를 가감하여 서로 품과 돈을 더하고 빼고 하여 주고 받는 것이 길 먹는 날의 중요한 일이었다. 당시 어른들은 일본말을 여전히 많이 사용하였는데 그걸 '간주(간조)본다' 고도 했었다. 논이 없는 집은 노동력만 제공했으니 품삯으로 자산이 증가하고, 논은 넓은데 노동력이 없는 집은 제법 많은 돈을 내놓아야 했다. 논마지기나 있는 기와집들은 막걸리도 몇 단지 내어왔고 어떤 집은 구판장에서 산 경월 소주 됫병 두 개를 새끼줄로 묶어 더블로 내놓기도 했다. 일본 정치 시절 젊은 치기에 말광대패(서커스단) 뒷수발로 따라다녔다는 남섭이 아버지는 그 때 훔쳐 배운 것이라며 지게 위에서 재주를 넘기도 했고, 옆집 두형이형은 스스로 연마한 어설픈 마술을 공연하기도 하며 와자지껄하게 하루를 보내는 날이었다. 내가 초등학교에 다니던 어느 날 오후에도 마을 입구 솔숲에서 질먹기 행사가 진행되고 있었는데 얼큰히 취한 울 아버지가 "아이구, 우리 총기 좋은 막넹이가 핵교 갔다 오시는구먼. 일루 와서 핵교서 배운 창가(唱歌) 한 마디 해 보거라." 고 가벼운 주정을 하시기도 하셨다. 무언가 노래를 하고 박수를 받긴 했는데 무슨 노래를 불렀는지는 기억나지 않는다.

두 번째 농번기는 가을 수확철이었다. 앞에서 여름철 보리타작 등을 얘기했지만 논농사 중심의 농촌에서 가장 큰 타작은 역시 벼타작이었다. 가을이 되어 벼가 이삭이 여물어 익기 시작하면 온가족이 총동원되어 모두 낫을 들고 들어가 논의 벼를 베었다. 벼는 일정기간 햇살을 받아야 익는데 이를 전문용어로는 적산(積産)온도라고 하는데 그러다 보면 날씨에 따라 수확시기가 편차가 있었다.

〈속칭 훌치기 혹은 그네와 그네질〉

어떤 때는 추석 전에 햅쌀이 출하하는 경우도 있었고 어떤 때는 비가 잦거나 냉해(冷害)를 입어 그러지 못 했다. 그럴 경우 논에서 해가 잘 들어 벼가 잘 익은 부분을 십 여 평을 먼저 베어 말린 뒤 집에서 큰 참빗처럼 생긴 '그네' 혹은 '훌치기'로 알곡을 훑어서 말려 조상께 바치는 추석 메(밥)와 송편을 만들기도 했다.

우리 집의 경우 벼타작을 앞두고 아버지는 근처 논둑에서 차진 흙을 지게에 지고 오셔서 마당에 고루 펴서 평탄작업을 하시었다. 여름 장마철 동안 마당에 빗물이 흐르고 고이고 하는 사이 여기저기 구멍이 생기고 돌이 드러나고 하여 그 사이에 알곡이 들어가면 곤란하기 때문이었다. 커다란 나무메(망치)나 통나무에 손잡이가 달린 도구로 마당을 촘촘하게 다진 다음에야 벼타작(마뎅이)를 시작하셨다. 비가 많이 온 해나 때늦은 태풍이 지나간 해는 벼가 다 쓰러지거나 물에 잠겨 고생을 하기도 했다. 어떤 경우에도 벼를 베어

짚으로 단을 묶은 다음에 아버지는 논둑에 말뚝을 박고는 그것에 기대어 볏단을 차례로 세워 놓으셨다. 이걸 벼를 '광인다'고 했는데 1차적인 벼말리기였다.

벼가 너무 젖으면 광여서 일단 물기를 뺀 다음 논 옆의 산의 소나무에 긴 밧줄이나 굵은 철사줄을 묶어 띄우고 볏단을 잘게 나누어 그걸 거꾸로 매달아 햇볕에 말릴 때도 있었다. 나는 초등 3학년 때 처음 내 지게를 갖게 되었는데 그런 위기 시에는 나도 지게를 지고 나가 물에 젖은 볏단 서너 개를 지고 비틀비틀 논둑을 지나 산으로 져나르기도 했었다. 제대로 마르지 않으면 쌀이 물러 싸레기가 많아져 수확량이 줄어들기 때문에 신경을 많이 썼다. 이렇게 며칠 말리고 나면 드디어 집으로 날라와서 타작을 하는데 이 행사를 마뎅이(마당질)라고 했다.

우리 집 벼타작은 주로 탈곡기를 이용했다. 둥근 나무통에 역(逆) V자로 못을 박아 놓아 돌리면 거기에 걸린 벼이삭이 본체로부터 이탈하게 하는 것이 탈곡기의 가장 중요한 기능이었다. 이 기계는 앞에 있는 발판을 사람이 밟으면 와롱와롱 소리가 나면서 통이 돌아 우리 아이들은 탈곡기라는 어려운 말 대신 와롱기라 칭하기도 했는데 우리 집 것은 풍년표였다. 부엌에 달린 통나무 문짝을 떼어다 탈곡기와 수평을 맞춘 뒤 그 입구에 내가 볏단을 올려놓고 큰형은 볏단을 풀어 한 웅큼씩 만들어 아버지에게 건네주면 아버지는 탈곡기를 밟아 돌리면서 손으로 벼를 들고 앞으로 한 번 좌로 한 번 우로 한 번 세 번 쯤 털어주고는 볏집을 옆으로 넘긴다. 그러면 그 옆에서 작은형이나 어머니가 이제 무게가 팍 줄어든 볏단을 크게 묶어 옆으로 던졌다.

〈우리 집에서 와롱기라 했던 탈곡기와 그를 이용한 마뎅이 모습〉

 탈곡이 끝난 볏단은 집 마당 한 켠에 볏가리라 하여 둥글게 높이 쌓아 놓았다. 매일 우리 형제들이 학교 갔다 와서 일과처럼 동네 버덩에 가서 소에게 풀을 뜯길 때 가장 먼저 하는 일이 소를 끌어 내 마장의 말뚝에 매고 밤새 쇠똥과 오줌에 범벅이 된 것을 쇠스랑으로 끌어내 두엄더미에 얹어 거름을 만들고 볏가리에서 새 볏짚을 꺼내 대충 정리한 후 마굿간에 깔아주는 일이었다. 그런 다음에야 소를 몰고 버덩으로 나가 친구들과 모여 닭싸움이나 고상받기를 하거나 감자서리, 콩서리를 하기도 하였다.

 볏짚은 소를 이용해 거름을 만드는 일 외에도 초겨울 이엉을 엮어서 지붕이나 헛간을 덮는데 사용하기도 했다. 기술이 좋은 아버지는 용마루라 하여 초가지붕 정상에 덮는 것을 만들었고 나머지 식구들은 재주껏 한쪽만 엮어 지붕을 덮는 도롱이 같은 것을 만들기도 했다. 볏짚은 메주를 매다는데 사용하기도 했고 새끼줄을 꼬거나 가마니를 짜거나 왕골자리나 멍석이나 삼태기를 짜는 데도 사용하는 등 그 용도가 아주 많았다.

 볏짚과 분리된 알곡은 몇 번 도리깨질을 한 후 풀무질을 했다. 알곡이 든 벼와 주변물 즉 북떼기를 분리하는 작업이 그것이다. 어릴 때는 아버지가 방에 까는 왕골 자리를 갖고 나와 무릎 높이의 통나무위에 서서 반을 접은 뒤 가랑이 사이에 끼우고 밑부분은 발로 밟고 그 윗부분을 접었다 폈다하여 바람을 일으키면 어머니와 큰누나가 키에다 곡식을 담아 천천히 흘러내리게 하면 가벼운 북떼기는 날아가고 무거운 알곡은 그 밑에 곧바로 떨어져 내렸다. 키질하는 것을 '까분다'고 하는데 키 끝을 살살 흔들어 벼가 일정하게 흘러내려 분류되게 하는 것이 기술의 핵심이었다. 행동이 경망스러운 것을 까분다고 하는데 아마 키 끝을 살살 흔드는 이 동작에서 나온 말일 것이다. 혹 잘못 까불어 북떼기가 섞인 뭉텅이가 알곡 위에 떨어지면 전체 작업을 다시 해야하니 사실 매우 정밀한 작업이었던 것이다.

그 이후 요즘으로 말하면 수동으로 작동하는 큰 선풍기에 해당하는 풍구를 이웃집에서 빌려와 아들들이 순서대로 땀을 뻘뻘 흘리며 돌리기도 했었다. 그렇게 수확한 알곡을 섬뜰에 멍석이나 돗자리로 둥글게 임시저장고를 만들어 세우고 군데군데 새끼줄로 묶어 놓거나 가마니에 담아 쌓아 놓으면 어머니 말마따나 보기만 해도 배불렀다. 나중에 한자 공부를 할 때 〈설문해자〉라는 책을 보니 평화(平和)의 화(和) 자의 옛 문자가 벼를 탈곡하여 담아놓은 모습에서 유래했다는 것을 알고 나니 부모님들의 심정이 이해가 가고 곳간에서 인심난다는 옛말도, 항산(恒産)이어야 항심(恒心)이라는 맹자(孟子)님 말씀도, 심지어는 시골 주지사 빌 클린턴을 미국 대통령으로 만든 "Stupid, It's economy"라는 구호의 사회적 의미도 알게 되었다.

이제 세상은 바뀌고 농업은 이제 투기산업이 되고 농부들은 기업농이 되어 주판알을 튕기며 투자대비 소득을 따지지 않으면 버틸

수 없는 시대가 되었다. 불과 몇 십 년전의 일이지만 내가 겪은 농촌의 여러 풍습과 모습들은 요즘 젊은이들에게는 수렵 채집의 시대나 신석기시대 만큼이나 아득한 과거의 일로 여겨질 것이다. 여기 늘어놓은 나의 너절한 추억담에 이제 감동할 젊은이는 없을 것이고 드문드문 나이든 아재들만 모여 "라떼는"을 마실 것이다. 그럼에도 불구하고 사마천이 고환을 움켜쥐고 사기(史記)를 기록한 심정을 빌려 60년 전의 가난하지만 아름다웠던 농촌공동체 속에서 살았던 내 기억의 파편들을 여기 남긴다.

마을 입구에는 오래된 성황당이 있고 어릴 때에는 그 앞에 방구소나무라 불리는 거대한 소나무들이 있었고 돌을 쌓아 만든 담 위에는 제대로 생긴 남근석이 있어 [한국의 성석(性石)]이란 책의 표지모델이 되기도 했으나 필자가 군대 간 시절인 70년대 말쯤 분실되었다. 강릉에서 유명한 유물 수장가가 그 주변을 여러 번 맴도는 것을 보았다는 주민들의 증언이 있으나 물증이 없어 그저 안타까워 입대 전 찍어놓은 사진만 들여다 볼 따름이다.

〈구정리 성황당의 남근석. 현재는 분실됨〉

어렸을 때는 격년으로 성황제라 부르는 동제(洞祭)를 지냈었는데 우리 아버지가 유사(有司)를 하던 해가 기억난다. 성황당 입구와 둘레에 휜 금줄을 치고 얼마 뒤 드디어 우리 집 부엌에서 서낭제 준비를 시작했다. 우선 엄마와 누나 등 여자들은 전부 다른 집으로 보냈는데, 대여섯살이었던 나는 꼴에 남자라고 집에 남아 잔심부름을 했었다. 아버지를 비롯한 모든 분들이 검은 갓에 하얀 도포를 정갈하게 차려 입고 부엌을 왔다갔다하던 모습이 기억난다. 특히 모두들 입에다 한지로 만든 작은 종이를 물고 묵묵히 일을 했는데 어린 마음에도 중요한 행사니 음식에 침이 튀거나 잡스런 말을 하여 동티나지 말라는 것으로 이해되었다. 당시 이미 어디선가 전주(前酒)로 얼근하게 취한 우리 당숙이 제물인 쇠고기를 다듬었는데 마땅한 도마가 없어 울 엄마가 사용하던 다듬이판을 엎어 놓고 모탕에 나무 놓고 장작 빼듯 도끼를 사용하여 쾅쾅 소리를 내며 뼈를 발라내곤 했는데 그만 술김에 힘이 조금 과해서 박달나무 다듬이판의 파편이 무수히 생겨 쇠고기에 박히기도 했다. 그 날 저녁 제물을 성황당으로 옮겨 마을 남자들은 모두 도포를 입고 여자와 아이들은 뒤에 둘러서서 모두 같이 절을 하였다. 한편으로 성황당 입구에 가마솥을 걸고 국을 끓인 뒤 마을 주민들이 전부 설렁탕 한 그릇 씩을 받아 들고 먹을 때 모두들 맛이 좀 이상하다고 고개를 갸웃거리곤 했는데 나는 당숙이 박달나무를 넣어 그렇게 되었다는 것을 알고 있었지만 아무 말도 안할만큼 영악하기도 했다. 그렇게 엄숙하게 지켜낸 마을 입구의 이 성황당 숲은 〈대한민국 마을숲 가꾸기 운동본부〉의 제1호 대상이 되어 지금도 나름 아름다운 자태를 보이고 있다.

어릴 때는 이 성황당 부근에 방구소나무로 부르던 거대한 소나무외 여러 종류의 큰 나무도 많이 우거져 어두컴컴하기도 하여 아이들은 조금 접근하기 두려워했다. 이따금 용감한 아이들이 성황당 앞 참나무 중턱에 올라가 뿔이 멋지게 생긴 집게 벌레(요즘의 사슴벌레)를 붙잡아 내려와 싸움을 시키기도 했으나 겁이 많은 나는 감히 그러지 못 했다.

왜냐하면 그 때 이 성황당을 둘러싸고 흉흉한 소문이 돌았기 때문이다. 당시 동네 형들은 주로 농고(農高)라 부르던 현재의 강릉 중앙고등학교와 상고(商高)라 부르던 강릉 제일고등학교에 걸어 다니고 있었는데 그 중 농고 다니던 형들이 그 해 겨울에 학교가기 싫어 소위 땡땡이를 쳤는데 별로 갈 곳이 없어 이 성황당에 들어갔다고 한다. 너무 추워서 근처의 낙엽을 끌어 모아 불을 피웠는데 아뿔싸 바람이 불며 불이 번져 성황당 기둥 일부를 태우고 겨우 진화했다 한다. 그런데 그런 일이 있은 얼마 뒤 거기에서 땡땡이 쳤던 형들이 하나둘 병(病)이 나기 시작했다. 어떤 형은 눈이 안 보여 안과(眼科)를 드나들기 시작했고 어떤 형은 까닭모르게 앓아 누워 휴학을 했고 어떤 형은 다리가 아파 잘 걷지 못하게 되었다. 동네 사람들은 모두 그 형들이 성황당 신을 노하게 만들어 '동티'가 났다고 수군거리곤 했었다.

〈여전히 완전한 옛 모습을 간직한 구정리 성황당〉

성황당 앞 개울 건너에는 상여(喪輿)를 보관하는 곳집이 있었는데 어릴 때 그 집에는 마을의 공동머슴이라고 할 수 있는 용샘이아재가 홀로 살고 있었다. 지능이 다소 뒤떨어지는 상태였던 용샘이아재는 마을에서 누군가 부르면 기껏 한 끼 식사에 허드렛일을 하길 마지 않았고, 비가 와서 징검다리에 물이 넘치면 우리가 학교에서 돌아올 시간이면 나타나 그 넓은 등짝으로 우리를 업어 건너주기도 했다. 어른들은 물론이고 아이들도 용샘이 용샘이 부르면 그저 헤하고 웃기만 하였다. 마을 외진 곳에 있는 오두막에는 할머니도 한 분 살고 계셨는데 이름도 성도 나이도 고향도 모르고 심지어 말도 못해서 할 수 있는 말이라고는 '우야호호'라는 한 마디밖에 없어 마을사람 모두들 그녀를 '우야호호 할머니'라고 불렀다. 그러나 마을 집집마다의 제삿날과 생일날은 모두 두루 꿰고 있어 아침부터 안방을 차지하고 알 품는 암탉처럼 버티고 있다하여 '한광주리'란 별명도 있었으나 마을사람 누구도 귀찮아하거나 홀대하지 않고 가을이면 초가 이엉을 새로 덮어주기도 하고 땔감을 들여놓아 주기도 하면서 돌보아 주었다. 정선에 사는 신승근시인이 쓴 시 중에 '퉁드란'이란 작품이 있는데 어린 시절 개울을 업어 건네주던 여진족 출신으로 짐작되는 아재를 추억한 내용이다. 언제 어디서 흘러들어왔는지는 모르지만 함경도와 강원도 곳곳에는 이런 유랑민(流浪民)들의 이야기가 남아 있으니 구정리의 우야호호할머니나 용샘이아재도 그런 유민(流民)의 일부가 아닌가 혼자 생각해 보기도 한다. 몇 년 전 미국 HBO사에서 제작한 '왕좌의 게임(Games of Throne)'이라는 드라마를 보는데 주인공인 스타크 가문의 충직한 신하 중에 호도르라는 덩치 큰 사람이 있었는데 어린 시절 충격을 받아 할 줄 아는 말이라고는 '문을 걸어라, 즉 Hold the Doors' 밖에 모르고 그 발음마저 '호도르'로 들려 호도르 아저씨라고 불렸는데 그 드라마를 보면서 나는 어린 시절의 용샘이 아재와 우야호호 할머니가 자꾸 생각나곤 했다. 그들이 누구든 간에 과거에는 마을에서 적어도 몇 사람 정도는 부양할 정도의 간난상휼(艱難相恤)의 공동체 전통이 살아있었다는 말이다.

구정리의 왼쪽 개울과 오른쪽 개울 사이의 마을은 응달마을이라 했고 그 건너편 언덕 학산리와의 경계지역은 안산(案山)재라 했고 오른쪽 개울 건너편은 양지마을이라 했다. 양지마을은 한(韓)씨 외에 강릉 김씨와 영월 엄(嚴)씨, 파평 윤씨 등이 살았고 응달마을은 거의 대부분 강릉 박(朴)씨들이 집단을 이루고 살았다. 평생 근면 성실 엄숙 단정하셨다는 할아버지의 지휘 통솔 아래 할아버지 4형제가 담을 맞대고 살았다고 한다. 내가 태어났을 때는 할아버지 들은 다 돌아가시고 할머니들만 생존해 계셨다. 그러면서 시골마을 치고는 제법 향학열도 있어 10리길 강릉초등학교와 5년제 중학교를 다녔고 그래서 당숙들은 대부분 군인 경찰 시청 등에서 공무원을 하셨다. 큰아버지가 출입(出入)이 잦아 야금야금 논밭을 팔아 치우기 전까지는 제법 잘 사는 축이었고, 둘째인 아버지는 농사꾼이었지만 작은아버지는 강릉농업학교에 수석 입학하여 수석 졸업한 뒤 일제 강점기부터 금융조합에 다니다 6.25 때 장질부사에 걸려 돌아가셔서 울 아버지가 내내 안타까워 하셨었다. 그 뒤 아버지의 목표는 아들들을 월급쟁이 만드는 일이었다. 특히 나는 어릴 때 조금 총기가 있는 편이어서 어른들의 말을 넙죽넙죽 잘 받아쳐 '의뭉하다'는 평과 함께 아버지의 희망이기도 했다. 주변에서는 '용두가 환생한 듯하다.'고 말하기도 했다니 용두는 죽은 작은아버지의 이름이었다. 결과적으로 나는 평생 집안을 다시 일으켜 세워주기를 바란 아버지를 '희망 고문'한 불효자인 셈이다.

내가 대학을 입학했을 때 '장래성이 밝다'며 나를 스카웃해 크게 환영식을 베풀어준 것은 그 대학 지하운동권 써클이었다. 내가 거기에 적극 동참하지 못하고 취직하고 아들 낳고 딸 낳고 평범하다 못해 찌질하게 살게 된 것은 아마 이런 아버지의 한(恨)을 잘 알았기 때문일 것이다. 6.25 얘기가 나왔으니 말이지 어머니의 회고담도 전해야겠다. 큰댁의 사촌 큰형은 6.25 때 국군으로 참전하여 전사하셨고 인민군 점령 당시 고딩이던 작은형은 악질 군인가족으로 몰려 내무서에 끌려가 빨갱이들에게 죽창(竹槍)으로 27군데를 찔렸다고 한다. 그래도 죽지 않자 남대천 도립병원 앞 비석거리에 일렬로 세워 놓은 뒤 따발총으로 총살을 시켰다고 한다. 다행히 총을 맞지 않은 큰댁 작은형은 일부러 총 맞은 것처럼 뒤로 넘어져 굴렀다고 한다. 그리곤 쌓인 시신들 위에 석유를 뿌리고 불을 지르고 그 위로 다시 따발총으로 확인사살을 했는데 작은형은 물 속에서 극적으로 정신을 차리고 시신 밑으로 파고 들어 목숨을 부지했다. 그리곤 야음(夜陰)을 이용하여 우리집 마당까지 기어와 '작은 어머니'라고 외마디 비명을 지른 뒤 다시 정신을 잃었다고 한다. 놀라 뛰어나온 우리 어머니가 담장 앞에 장작더미를 쌓아 놓고 그 뒤에 사촌형을 숨겨 두고 갓 해온 공단 이불의 속청을 뜯어내고 솜을 꺼내 피를 닦고 지혈을 시켜 살려냈다고 한다. 그 뒤 작은형은 건강을 회복한 뒤 국군에 자원입대해 헌병 특무상사로 제대했다. 그런 과거 이야기도 사실 나는 잘 몰랐었는데 70년대 내 대학시절 무슨무슨 사건 때문에 중앙정보부에서 집으로 신원조회를 나오는 등 호들갑을 떨자 우리 어머니가 '우리집이 어떤 집안인디 니가 빨갱이들 펜을 든다냐' 하며 해 주신 이야기이다. 여느 집도 다 그러하겠지만 개인 가족사를 말하자면 우리 어머니 말대로 '일구지난설(一口之難說)로 소설책으로 써도 몇 권'이라 자세한 것은 여기서 접기로 한다.

남겨두고 싶은 소설 같은 이야기를 하나 해 보자.

70년대 국가주도의 경제개발의 시대가 되면서 농업생산력이 더 이상의 소득의 기준이 되지 못하는 상황이 되자 부자 마을이었던 구정리는 가난한 마을로 전락하게 되었다. 농사에 전념하던 마을 주민들은, 오히려 농토가 없어 강릉시내에 나가 노가다나 아파트계단 청소를 하는 일용노동자가 된 이웃보다 현실적 소득이 떨어지고 있는 상황과 맞닥뜨리게 되었다. 이 때 마을 주민들을 구원한 것은 뒷산의 '송이'였다. 송이야 그전부터 귀한 대접을 받아왔고 소나무가 우거진 구정리 뒷산은 송이가 많이 생산되었지만 그저 입맛을 돋구는 반찬 재료였을 뿐이었다. 그러다가 70년대 이후 일본과의 관계가 개선되면서 강원도 특히 영동지방인 양양 강릉의 송이 버섯은 일본 미식가들의 까다로운 입맛을 사로잡은 명품이 되어 고가(高價)로 거래되기 시작했다. 안(安)씨 성을 가진 한 집안은 자신들만의 송이 산지를 숨겨두고 야금야금 수확하여 한 해에 황소 한 마리를 살 정도로 막대한 소득을 올렸고 이 소식은 온 마을에 송이 열풍을 불러 일으켜 모두가 송이 채취에 열을 올리기 시작했다. 일본에 수출되는 일급품은 송이가 흙위로 얼굴을 드러내기 직전의 상태에서 채취한 것이었다. 그래서 마을의 청년들은 새벽에 후래쉬를 들고 험준한 산을 헤매며 송이 채취에 나섰고 두어달의 한 철 채취를 통해 몇 천 만원의 소득을 거두는 일이 비일비재했다. 구정리 뒷산의 매봉산과 인근 칠성산은 대부분 국유지였고 국유지에는 임자가 없으니 그 송이는 문자 그대로 "먼저 본 놈이 임자"였던 것이다. 마을 사람들은 뿔뿔이 흩어져 송이를 채취했는데 그들은 자기가 송이를 채취한 곳을 절대 남에게 알려주지 않고 자기만이 아는 곳으로 숨겼다. 이걸 소위 "독(獨)송이밭"이라 했다. 그러나 그것은 자기 소유가 아니라 자기만이 알고 있는 장소에 불과했으니 다른 사람과 그 곳을 공유하지 않으려면 미행을 따돌리거나 채취한 뒤 흔적을 없애는 등의 노력이 필요했을 것이다. 결과적으로 '독송이밭'을 많이 가진 자가 가장 많은 소득을 올리는 형국이 오랫 동안 전개가 되었다. 그러다가 비극이 터진 것은 엉뚱하게도 안인 해변에 북한 잠수함이 표류한 사건 때문이었다. 1996년 안인진 앞 바다에 상륙한 북한군은 태백산맥 준령을 타고 북한으로 복귀를 시도했고 안보망이 뚫린 국군은 예비군까지 소집하여 그들을 소탕하려고 했다. 그 전투는 안인에서 만덕봉, 칠성산, 매봉산으로 이어졌고 당연히 구정리도 그 전투위험지역으로 선포되었다. 그러던 중 어느 날 마을 뒷산에서 총성이 울리며 무장공비 한 명을 사살했다는 소식이 전해졌으나 얼마 뒤 그 무장공비는 알고보니 구정리 주민이라는 것이 밝혀졌다. 그는 바로 구정리 송이의 대부 안(安)씨의 뒤를 이어 아버지의 지위를 이어가던 그의 아들이었던 것이다. 왜 그가 군인들이 지키고 있는 그 위험한 곳에 갔느냐고 여러 설왕설래가 많았지만 구정리 사람들은 모두 금방 상황을 파악했다. 그것은 집안 대대로의 "독(獨) 송이밭"을 지키기 위해서 그 위험지역을 들어갔을 것이라는 사실이었다. 한창 송이가 날 때는 송이가 쑥쑥 자라기 때문에 매일매일 송이를 따주어야 한다. 그렇지 않으면 송이가 흙위로 머리를 들고 그 다음 날에는 삿갓 같은 머리를 펴고 포자를 퍼뜨리고 냄새를 풍기기 시작한다. 그리되면 예민한 송이꾼들은 멀리서도 그 냄새를 포착하고 그 독송이밭을 자기 것으로 공유하기 시작한다. 그런 상황이 되면 독(獨)송이밭은 이미 우리들의 송이밭이 되어 버리고 말 것이다. 그런 사태를 막기 위해서는 일정기간이 지나기 전에 송이밭을 관리해 줘야 한다. 아마도 아버지가 나 혼자만 데리고 다니며 알려준 우리 집만의 독송이밭이 사라지는 사태는 도저히 견딜 수 없었을 것이고, 그런 조바심은 군인들이 경계를 서고 있는 위험지역을 들어가게 만든 동기였을 것이다. 지금은 송이의 브랜드 파워를 양양지역이 독점하고 있지만 당시만 하더라도 강릉송이를 알아주던 시절의 비극 한 편을 소개해 보았다.

② 면사무소 마을 여찬리

여찬리는 강릉시 내곡동과 인접한 마을로 면사무소가 위치한 곳이다. 일찍이 개울 앞에 오동나무가 많이 자생하고 있어 오동나무에 봉황이 깃든다는 믿음 섞인 전설이 있어 봉양(鳳陽)마을이라 부르기도 한다. 구정천이 마을 옆으로 흘러가는 옆의 본동과 지금 문화마을이 자리잡은 말무덤이라고 불리던 곳은 길 건너가 내곡동의 자조와리와 인접하고 있다. 자조와리는 거기 사는 조(趙)씨들은 자조왈리(自趙曰里) 즉 조씨들로부터 마을이 되었다고 주장하고 강릉 김(金)씨 연일 정(鄭)씨 등 다른 성씨들은 서로 돕는 마을 자조(自助)에서 온 이름이라 반박하고 있기도 하다. 그 옆에는 말미골이라는 또 다른 거주지가 있다. 말꼬리를 닮은 형국이라는 데서 온 이름으로 원래는 구정리의 밭이 많은 삼정평 아래에 있어 봄 가을로 먼지가 엄청나게 날아와 주거조건이 그리 좋지 않은 곳이었다. 박정희대통령 시절 식량증산정책의 일환으로 강릉농지개량조합에서 오봉댐을 막고 그 물을 칠봉산을 너머 이 삼정평으로 보내 밭을 논으로 만드는 사업을 시행한 후 먼지가 날리지 않게 되면서 요즘은 강릉시의 혼잡을 피해 나온 분들의 전원주택지로 각광받고 있기도 하다.

〈밭에서 논으로 변한 삼정평 벌판〉

남대천 건너 이어지는 범일로 길을 따라 내곡동을 지나면 여찬리가 나오는데 그 경계지점은 행정구역의 구분과는 상관 없이 예전부터 자조와리라 불려지는 마을이었다. 예전에는 바람부지라 불렸던 내곡동지역과 말무데미라 불렸던 여찬리 지역 사이에 구분이 없이 살았다. 게다가 바람부지 위쪽 진재등 길은 모산과 통하는 장현동에 속하기도 하다. 그래서 예전 시군 통합 이전에는 어떤 집은 본채는 명주군, 화장실은 강릉시에 속하고 또 어떤 집은 생계터전인 방앗간은 명주군 구정면, 살림집은 강릉시 내곡동 등 뒤죽박죽이기도 했다. 보건의료법을 자세히는 모르지만 병원이 없는 읍면지역에는 의사의 처방전이 없어도 긴급한 약을 살 수 있는 법이 있는 모양인데 그런 점에서 강릉시 내곡동과 경계를 하고 있는 여찬리 입구 지점에는 약국들이 여러 개 번성하고 있다. 시내에서 차로 5분 거리에 있고 24시간 영업을 하고 있으니 지나가다 보면 늘 손님들이 있고 특히 주말이나 연휴에는 문전성시를 이루기도 한다. 지역적 여건을 이용하여 이 마을은 포도밭과 딸기밭으로 제법 짭잘한 재미를 보고 있고 요즘은 범일로라는 이름의 외곽순환도로가 지나가다 보니 길 주변에 오리고기집 막국수집 보리밥집 등이 번호표를 받아야 먹을 정도로 성업 중에 있기도 하다. 예전에는 그런 영업집이 있는 곳은 온통 논이어서 학교에서 늦게 끝나고 하교할 때는 온 사방에 개구리 울음소리가 가득하기도 하던 곳이었는데 도로가 생기고 그 옆에 여찬리 문화마을이 생기고 구정 사람들이 말무데미에서부터 걸어서 올라가던 진:가산이란 얕은 언덕에는 스페인풍 주택단지와 한과(漢菓) 공장이 들어서 옛길은 묻혀버리고 말았다.

여찬리는 구정리에서 흘러온 오른쪽 산줄기로 제비리와 경계를 이루고, 역시 구정리에서 흘러내려온 왼쪽 산줄기로 학산리와 경계를 이루는데 그 사이로 요즘은 섬석천이란 간판이 붙은 구정천이 흐른다. 왼쪽 산줄기의 끝에는 새끼미라는 작은 마을이 있는데 아마도 작은 산들이 끝나는 곳이란 의미일 것이다. 그 끝자락에 일제 강점기에 군량미(軍糧米) 확보를 위해 조성된 장현저수지가 위치한다. 그런 산미(産米) 증산 정책의 결과로 하류의 평야지역인 모산 월호평 신석 청량동 남항진 등이 한해(旱害)에서 벗어나 쌀 생산량이 늘어나게 되어 일본의 식량 공출(供出)에 더 많이 동원되었을 것이다.

중고등학교 시절 도보로 하던 소풍의 최대 단골장소였던 이 저수지는 왼쪽에 구정면에 속하며 소풍장소로 적격이었던 솔숲으로 이루어진 새끼미를 두고 오른쪽에는 강릉시 장현동에 속하는 진재등이라는 긴 언덕길이 있다. 진재등은 산등성이로 난 긴(장長) 재 즉 고개라는 뜻으로 장현동(長峴洞)이란 이름은 여기서 나왔다. 과거 노암동에서 시작한 이 나지막한 산등성이로 난 긴 재는 지금의 남산초등학교 앞에서 시작하여 맹아학교 현 폴리텍대학을 지나 언덕 정상으로 여찬리까지 길게 이어져, 비가 많이 와서 내곡동 삼다리나 노암동 재건교나 잠수교가 잠기면 구정 여찬리 학생이나 장꾼들이 광쟁이다리라 부르던 강릉교(江陵橋)를 건너 걸어다니던 길이기도 하다. 몇 년 전에는 집지어주기 운동인 헤비타트운동이 이 새끼미에서 벌어져 미국의 카터 전대통령이 여기 오셔서 망치질을 하기도 하였다. 루사호 홍수가 났을 때 이 장현저수지가 터져 그 물길이 아랫마을 장현동을 덮치고 납돌마을을 휩쓸고 비행장을 침수시켜 막대한 피해를 입히기도 하였다. 2018 동계올림픽과 함께 서울역과 강릉역 사이에 개통된 KTX가 이 여찬리를 가로질러 가면서 마을이 두 동강이 나고 학산리와의 경계지점에 있는, 고려말 우왕(禑王)의 전설이 서려있는 왕고개가 훼손되는 일이 생기기도 했다.

③ 유서깊은 학산리

학산리는 문자 그대로 학(鶴)이 살던 상서로운 마을로 전설과 역사가 살아 꿈틀거리는 마을로 예로부터 생거학산(生居鶴山) 사거성산(死去城山)이란 말이 있을 정도의 유서깊고 살기 좋은 마을로 알려져 있다. 누가 뭐래도 구정면 나아가 강릉시 전체에서도 가장 풍성한 역사 이야기를 가진 유서깊은 마을이라 할 것이다. 여찬리와의 경계에 있던 고개는 왕고개로 불리며 역사적 사실과는 별도로 이 마을 사람들은 고려말 우왕이 이성계의 위화도회군 후 이 곳에 귀양와서 살았으며 심지어는 이 마을 전래의 무형문화재인 〈오독떼기〉라는 농요(農謠)를 듣고 하염없이 눈물을 흘렸다는 아주 구체적인 뻥(?)까지 전래되고 있기도 하다.

〈구정초등학교 입구의 학산리 안내비〉

전설 얘기가 나온 김에 몇 마디 더 보태어 보자. 이 왕고개 아래에 있는 산줄기에는 커다란 소나무들이 숲을 이루고 있었는데 그 숲에 학(정확히 조류분류학적으로 말하면 학이 아니라 중대백로이다)이 떼를 지어 살았고 왕고개를 어른들은 장안재라고 했으니 장안(長安)이란 이름이 붙은 것으로 보아 왕이 있었던 마을이라는 주장인 것이다. 필자가 나온 구정초등학교 교가(校歌)는 "금광평 넓은 벌을 뜨락을 삼고, 장안재 낙락장송 기상을 삼아, 백학이 넘나드는 드넓은 터전에 자랑할사 구정교 여기 빛난다" 이런 식으로 가사가 전개되고 있을 지경이다. 왕께서 거주하시는 서울을 의미하는 장안(長安)이라는 지명이 있는데 왜 왕이 머물던 어단(御壇)이 없겠는가. 일제 강점기 이후 어단(御壇)이 어단(於丹)리로 바뀌었을 뿐인 것이다. 왕고개 아래에는 강릉 김씨들이 일찍이 자리잡고 있었고 그 중 내 친구네는 부자(父子)가 서울대 동문임을 자랑하기도 했다. 그렇게 그들은 인근의 창녕 조(曺)씨, 연일 정(鄭)씨와 함께 학산 아랫마을의 중심을 이루고 있었다.

어린 시절 봄날에 학교로 가기 위해 왕고개를 넘어서거나 문구니 저고리골을 지나면 학산은 온 동네에 하얀 꽃이 피고 그 꽃향기가 코를 밀고 들어왔다. 그 시절에는 '꽤'라고 부르는 시큼하고 작은 재래종 자두가 집집마다 있어 꽃동네를 이루었다. 푸르게 열려 있다가 가을이 되면 붉다 못해 검게 익은 그 꽤를 늘 배고팠던 어린 우리들은 익기 전에 따먹기를 거듭했고 그 시절 학교 주훈(週訓)은 늘 '건강에 유의하자'였고 실천사항 1번은 늘 '익지 않은 과실을 먹지 말자'였다. 그 시절 어린 우리는 방과 후 빈 운동장에서 동네별 축구시합을 할 때도 '꽤 500개 내기' '밤 100개 내기' '고구마 20개 내기' 등으로 늘 먹을 것을 걸고 필사적으로 뛰었다.

장안재가 있고 한 가운데 학산천이 흐르고 그 너머 언덕 위에 초등학교가 있는 마을은 학산1리로 학산의 본동에 해당하는 마을이다. 강릉 김(金)씨, 창녕 조(曺)씨, 연일 정(鄭)씨, 풍양 조(趙)씨 등이 중심이 되고 있다. 그러나 전해져 오는 기록에 의하면 이 마을은 조선왕조 초기에 200여년 동안 마을이 공동(空洞)이 된 적이 있고 그 후 평해 황(黃)씨들이 최초로 입동(入洞)하여 재실(齋室)을 짓고 재궁말에 거주하기 시작하며 마을이 재건되었다고 한다. 개울 하나를 두고 마주 보고 있는 연일 정씨의 종가(宗家)인 정의윤 가(家)와 창녕 조씨의 조철현 가(家)는 각각 문화재로 지정되어 있기도 하다. 이 마을 조평재라는 분은 일제 강점기 평양에서 변호사로 이름을 날렸다고 하며 그의 아버지는 영특한 장손을 사당에 집어넣고 서책을 외워야 밥을 주는 등 엄격하게 훈육하여 가르쳤으니 그가 바로 서울시장과 한국은행 총재를 지낸 조순(趙淳, 1913~1983)씨이다. 서울대 경제학과를 나온 그는 그 후 U.C. Berkeley에 유학하였고 그 시절 사모님은 우리 어머니처럼 고구마 등을 머리에 이고 시장에 내다 팔며 자식들 교육비를 벌어야 했고 조순씨는 그 나름대로 고학(苦學)을 하며 고단한 유학생활을 마치었다고 한다. 서울대 경제학과 교수로 부임한 뒤 집필한 <경제학 원론>은 전국의 모든 대학 경제학도들의 필독서가 되어 장안의 지가(紙價)를 올리는 베스트 셀러가 되기도 했었다. 그가 서울대 교수 시절 미국의 모교로 유학 보낸 제자가 나중에 서울대 총장과 국무총리를 지낸 정운찬이니 정운찬 총장 시절 도입한 지역균형 선발 제도가 바로 U.C.버클리에서 실시했던 '적극적 평등실현 조치(Affirmative Action)'에서 배운 것이라고 한다. 조순 총재가 전국적 인물이라면 이 마을의 한 가운데 자리잡은 연일 정씨 집안의 정주교(鄭胄敎)씨는 대표적인 지역 유지였다. 일찍이 일본 유학을 마치고 돌아와 제헌의원(制憲議員)을 지냈던 분으로 지금

법왕사라고 불리는 학산2리의 조계종 사찰도 원래는 이 집안의 기자 (祈子) 기도처였던 칠성암(七星庵)에서 비롯되었다. 어린 시절 공양하겠다고 쌀을 한 말 머리에 인 어머니를 따라 법왕사에 가면 절 요사채 가장 큰 방에 하얀 모시 한복을 정갈하게 입은 정씨댁 할머니가 계셔 인사를 드리면 '애기가 왔는데 솥이끼라도 한 자박 채려 주라'고 지시를 하셔 나를 기쁘게 하기도 했다. 정주교씨 댁은 고서(古書)도 많이 소장하고 있어 봄가을의 햇볕 좋은 날이면 마당 가득 멍석을 펴고 그 위에 알지 못할 무수한 책들을 펴 놓고 말리기도 했다. 어릴 때 그 집의 책 중의 일부가 다른 집으로 돌아다니다가 건국대 교수에 의해 국보 142호인 〈동국정운(東國正韻)〉으로 발견되었다는 얘기를 귓등으로 들은 적이 있는데 사실 여부는 잘 모르겠다. 정주교씨는 명문(銘文) 기와를 수습하여 굴산사(崛山寺)의 존재 여부를 처음 밝히기도 하신 분이다. 그 분의 자녀들도 모두 훌륭하게 성장하여 고교교장 치과의사 사장 등을 지냈고 사위들도 만만치 않다.

〈학산1리의 문화재로 지정된 고옥. 좌측이 정의윤 가(家) 우측이 조철현 가(家)〉

춘천 서면에 박사마을인가가 있다고 하는데 학산이야말로 강릉의 박사마을이라고 불러도 손색없을 정도로 학산 1 2리에는 집집마다 가방끈이 길어야 할 수 있는 박사 교수 의사 변호사가 즐비한 마을

이기도 하다. 그래서 〈학마을〉이라는 마을 정기소식을 담은 잡지를 펴내면서 서로 서로의 자녀들 명문대 입학 등 출세 소식을 자랑하는 등 쬐끔 폼(?)을 잡기도 한다. 그들의 은혜로운 포용심 덕에 그 동네 출신 강릉 최씨 여인의 남편인 나도 학산인의 사위로 준회원 자격을 가지고 있기도 하다.

학산 2리는 굴산사가 있는 마을이다. 이 굴산사를 제외하고 학산을 얘기할 수 없고 나아가 강릉을 얘기할 수 없다. 최소 600년 이상 이어져 온 전국에서 가장 오래된 축제라고 할 수 있는 강릉 단오제의 주신인 대관령 성황신이 범일국사(梵日國師)이고 그가 태어나고 사찰을 세우고 마지막으로 입적한 곳이 바로 이 곳 학산이기 때문에 이 곳 학산 굴산사는 강릉 나아가 영동지방 사람들의 정신적 고향이라고 말할 수 있을 것이다.

사찰 건립과 관련된 다수의 스님들의 기이(奇異)한 이야기를 모아 놓은 삼국유사 권3 탑상(塔像)편에 있는 "낙산이대성(洛山二大聖) 관음 정취(觀音 正趣). 조신(調信)" 편에 김만중의 소설 구운몽(九雲夢)의 근원설화로 유명한 조신의 꿈 이야기와 함께 다음과 같은 내용이 실려 있다.

신라 문성왕 때에 굴산(崛山)조사(祖師) 범일(梵日)이 당나라에 유학하였을 때 명주(明州) 개국사(開國寺)에서 왼쪽 귀가 떨어진 승려를 만났는데, 그는 여러 중들의 끝자리에 앉아 있다가 조사에게 '나도 또한 고향 사람으로 내 집은 명주(溟洲)의 경계인 익령현(翼嶺縣: 지금의 양양군)의 덕기방(德耆房)에 있습니다. 조사께서 다음에 본국(本國)에 돌아가시거든 모름지기 내 집을 지어주셔야 합니다' 라고 간

청했다. 847년(문성왕 9년)에 귀국한 범일은 먼저 굴산사(崛山寺)를 세우고 불교를 전했다. 무인년(856년) 2월 보름 밤 꿈에 전에 보았던 중이 창문 밑에 와서 말했다. '옛날에 명주(明州) 개국사에서 조사와 함께 한 약속이 있어 이미 승낙을 얻었습니다. 그런데 어찌 이렇게 늦는 것입니까' 범일 조사는 놀라 꿈에서 깨어 수십 명 사람을 데리고 익령(翼嶺) 경계에 가서 그가 살던 곳을 찾았다. 한 여인이 낙산(洛山) 아래 마을에 살고 있으므로 그 이름을 물으니 덕기(德耆)라고 했다. 그 여인에게 아들 하나가 있는데 나이 겨우 8세로 항상 마을 남쪽 돌다리 가에 가서 놀았다. 그 소년이 어머니에게 '나와 같이 노는 아이들 중에 금빛이 나는 아이가 있어요'라고 하여 어머니가 그 사실을 조사에게 알렸다. 조사는 놀라 기뻐하며 그 아이와 함께 놀았다는 다리 밑에 가서 찾아보니 물 속에 돌부터 하나가 있어 꺼내보니 왼쪽 귀 떨어져있고 전에 당나라에서 보던 중과 같았다. 이것은 곧 정취(正趣)보살(菩薩)의 불상이었다. 이에 점을 쳤더니 낙산 위가 제일 좋다고 하여 여기에 불전(佛殿) 3간을 지어 그 부처를 모셨다.

일연(一然) 스님은 〈삼국유사〉에 낙산사(洛山寺) 이야기와 의상(義湘)과 원효(元曉) 두 대사 이야기를 한 뒤에 그 뒤에 범일국사 이야기를 붙여 놓았다. 그런 다음에 '옛 책에는 범일(梵日)의 이야기가 앞에 있고 의상 원효의 일은 뒤에 있다. 그러나 상고해 보건대 범일이 120년이나 뒤에 살았으니 앞뒤를 내가 바꾸었다. 혹은 범일이 의상의 문인(門人)이라는 말도 있지만 이것은 잘못 전달된 말이다'라고 고려말 집필 당시의 심정을 적어 놓았다. 다소 황당한 이야기도 많은 삼국유사이지만 이런 정신으로 기록했기 때문에 그 기록은 신빙성이 더 있을 것이다. 그러나 전설이란 시간이 흐르면 늘 보태어지고 부풀려지는 등 확대 과장된 이야기로 변하게 마련이다. 그런 결과 이 마을에는 범일국사에 관한 다음과 같은 전설이 전해져 오고 강릉의 읍지 〈임영지(臨瀛誌)〉에도 같은 내용의 기록이 있다.

학산 마을에 살던 어느 처녀가 여느 날과 마찬가지로 집 가 석천(石泉)이란 샘물에서 바가지로 우물물을 퍼 담는데 마침 햇빛이 바가지에 환하게 비쳤다. 조금 이상하게 생각했지만 그 처녀는 그 햇살 담은 바가지의 물을 마셔 버렸다. 그 후 얼마 지나지 않아 몸에 태기(胎氣)가 있었고 남몰래 고민하던 그 처녀는 아이를 남몰래 낳아 마을 뒷산의 바위에 몰래 버렸다. 사나흘 뒤 몸을 좀 추스린 뒤 그래도 엄마라고 저녁 때 몰래 아기를 버린 바위산 뒤에 가보니 아이는 학(鶴)이 물어다 준 열매를 받아먹고 그 날개 품에서 방실방실 웃고 있는 것이 아닌가. 무언가 심상찮은 느낌을 받은 처녀는 부모님에게 그 동안의 일을 얘기했고 부모님도 '이건 하늘이 주신 자식이다'는 생각에 아기를 집으로 데리고 와서 기르도록 했다고 한다. 그 아이가 바로 범일국사이다.

〈범일국사 탄생의 전설을 가진 학바위〉

학산 마을에는 지금도 그 전설의 석천이 남아 있고 아기를 버렸던 바위도 학바위란 이름으로 남아 있다. 스님 중에서 이런 전설을 남긴 분은 의상이나 원효 등 몇몇의 뛰어난 분들밖에 없는데 범일국사가 이런 전설을 남기고 있다는 것은 최소한 강릉에서 그가 차지하는 위치가 어느 정도인가를 보여주는 것이다. 아시다시피 전설은 사후(事後)에 만들어진 사전(事前)의 이야기들이다. 그 인물의 업적이 위대할수록 전설은 더 황당해지고 지어낸 거짓말의 규모가 더 커진다. 햇살 비친 바가지의 물을 마시고 임신했다는 정도의 전설은 고구려 주몽의 어머니 유화부인이 햇살로 비친 해모수의 아이를 임신해 주몽을 낳았다는 신화만큼이나 신비롭다. 즉 거의 건국신화급의 전설이라는 얘기다. 그는 주몽이 그러했듯 자기가 태어난 곳을 떠나 먼 세상을 떠돌며 공부했고 마침내 고향에 돌아와 자신만의 왕국 굴산사를 건립했던 것이다. 이 마을에 왕고개 장안재 어단(御壇) 등의 지명이 현재도 전해지는 것은 외형적으로는 고려말 우왕(禑王) 유배지라는 외피(外皮)를 뒤집어쓰고 있으나 우왕 이야기는 나중에 덧보태진 이야기로 보이며 사실은 이 범일국사의 이야기에 이미 이 마을이 작은 왕국이라는 정신적 독자성을 지니고 있었다는 사실을 증거한다고 필자는 파악한다.

그리고 그 정신적 독자성은 이 강릉땅이 뭐라고 불리던 간에 '우리 강릉사람들은 너희들과는 다르다'는 일종의 변방의식과 독립정신이 결합된 형태라고 본다. 그들은 중국에서 이 지방을 부정적 의미로 예(濊) 혹은 동예(東濊)라고 부르던, 서로 주인임을 자처했던 고구려와 신라가 하서량(河西良) 하슬라(何瑟羅) 명주(溟州) 등 뭐라고 부르던 간에 지켜온 정신이었다. 삼국이 통일된 신라말 정치적 혼란기에 어느 지방보다 잽싸게 궁예의 세력권으로 편입되고 그 후 왕건의 권력 안으로 편입되면서 김주원 후손인 김씨를 중심으로 강릉 김씨라는 일종의 경주(慶州) 세력으로부터의 독자 선언은 그런 정신을 보여주는 사례라 할 만하다.

그런 사실과는 별도로 범일이 세운 굴산사(崛山寺)는 불교적 입장에서도 대중적 민중적 지방적 의미를 가지는 중요한 사찰이라고 볼 수 있다. 신라 중기 이후 주류불교였던 경전을 읽는 귀족중심의 교종(敎宗)으로부터, 무지한 백성도 동참할 수 있는 불립문자(不立文字)의 깨달음을 설파한 대중적인 선종(禪宗)이 유행하게 되고 그런 구산선문(九山禪門)의 앞자리를 차지한 사굴산파의 본산인 굴산사가 있었던 것이다.

굴산사는 그 후 선문구산(禪門九山)의 하나인 사굴산파의 본산으로 발전하였으며, 전성기에는 사찰 당우의 반경이 300m에 이르렀고, 승려 수도 200여 명이었으며, 쌀 씻은 뜨물이 동해까지 흘렀다고 전한다. 그러나 이 절의 역사 및 폐사 연대는 전해지지 않고 있다. 다만, 1936년 홍수로 6개의 주춧돌이 노출되었고, 이때 정주교(鄭冑敎)가 '闍掘山寺(사굴산사)'라는 글씨가 새겨진 기와를 발견함으로써 이 절이 굴산사였음이 밝혀졌다. 삼국유사 등의 기록에는 굴산사를 굴산사(崛山寺)라 적어 놓았는데 와편(瓦片)에는 굴산사(掘山寺)라고 적혀 있었다. 굴산을 굴산(崛山)이라 하면 우뚝 솟은 산이란 뜻이고 굴산(掘山) 혹은 굴산(堀山)이라 하면 움푹 파인 곳이란 뜻이니 현재의 입지(立地)로 보면 주변보다 낮은 곳에 위치하고 있으니 굴산사(掘山寺)라 칭하는 것이 어울릴 듯도 하다.

중요 문화재로는 부도탑(국가보물), 당간지주(국가보물), 석불 3위 등이 있다. 굴산사 뒤 언덕에 3층 형태로 남아있는 요즘은 승탑(僧塔)이라고 부르는 부도탑(浮屠塔)은 그 석질이나 조각 형태로 보아

완벽한 탑의 형태는 아닌 것 같다. 흔히 범일국사의 승탑이라고 알려져 있지만 양식이나 형태로 보아 신라말의 솜씨라기보다는 고려시대의 양식에 가까운 것으로 보이는데 그 나마 층마다의 조각솜씨나 석질(石質)이 달라 보이는 것으로 미루어 보아 아마도 폐사된 뒤 밭가에 뒹굴던 탑의 석재(石材)들을 적당히 맞추어 하나의 탑으로 만들어 놓은 것으로 보이며 원래는 몇 기가 더 있었을 것으로 짐작된다. 참고로 말하면 부도(浮屠)란 단어는 산스크리트어로 부처님을 의미하는 Buddha를 음차(音借)한 것인데 아마 반불교적인 생각을 가진 유자(儒者)들이 만든 단어인 듯 '도살(屠殺)' '도륙(屠戮)' 등에 사용하는 어휘를 빌어 불교와 스님들을 폄하한 듯하니 사용하지 않는 것이 좋을 듯하다.

〈범일국사 승탑으로 알려진 굴산사지 3층 탑〉

『신증동국여지승람』에 김극기(金克己)의 「굴산종시(掘山鐘詩)」가 남아 있는 것으로 보아, 이곳에 신라종이 안치되어 있었음을 알 수 있으나 현존하지는 않는데 최근 발굴에서 동종(銅鐘) 파편이 발굴되었다.

굴산사지 위 언덕에 서 있는 당간지주는 다소 거칠면서도 호방한 기개를 보여준다. 이 당간지주는 멀리서 보면 논 가운데 작게 서 있는 것으로 보이나 가까이 가 그 앞에 서면 가히 압도적 규모이다. 그 구멍의 높이 만큼이나 전국 최대의 규모를 자랑한다. 높이 5.4m이며, 서로 1m 사이를 두고 마주 서 있다. 지주의 높이가 5미터가 넘으니 거기에 당간이 있었다면 그 높이는 짐작컨대 20미터가 넘었을 것이다. 철(鐵) 당간이었는지 아니면 나무를 이어붙였는지는 알 수 없다, 다만 석재로 만들지는 않았을 것으로 보인다. 만약 돌을 이어붙여 만들었더라면 어디선가 발굴이 되었을 텐데 그 흔적이 없기 때문이다. 현재 밑부분이 묻혀 있어 지주 사이의 깃대받침이나 기단(基壇)등의 구조는 확인할 수 없다. 4면에 아무런 조각이 없이 밑면에는 돌을 다룰 때 생긴 거친 자리가 그대로 남아 있다. 전반적으로 소박하나 규모가 거대하여 웅장한 조형미와 우뚝 선 생동감으로 신라 말기 고려 초기에 새롭게 떠오르는 힘찬 기운을 잘 보여 주고 있다. 보통 범일국사가 굴산사를 창건할 때 같이 세운 것으로 보지만 일부 학자들의 견해는 다르다. 오히려 고려 초기로 보는 것이다.

신라 시대의 교종(教宗) 사찰과는 달리 선종(禪宗)을 표방한 구산선문의 사찰 중 유일한 당간지주가 바로 이 굴산사 당간지주이다. 선종(禪宗)에 당간지주가 없는 것은 그들의 종지(宗旨)와 관련 깊을 것이다. "직지(直指) 인심(人心) 견성(見性) 성불(成佛)" 즉 '자기 마음을 직시하여 천성을 깨달으면 누구나 부처가 될 수 있다' 는 이 선종의 가르침은 기존의 권위를 혁파하는 운동으로 그들의 기개는 봉불살불 봉조살조(逢佛殺佛 逢祖殺祖) 즉 '부처를 만나면 부처를 죽이고 스승이나 부모를 만나면 그를 죽인다' 는 살벌한 구호까지 있었으니 그들에게는 불상이나 탱화 당간 따위가 모두 허상(虛像)이거나 타파해야할 아이콘이었을 것이다.

즉 유심(唯心)만이 중요하다는 이 선종의 정신이 왜 굴산사에서는 희미해지며 거대한 당간지주를 세웠을까? 신라말 고려초라는 시대 배경만으로 전국의 선종 사찰에 세운 유일한 당간지주라는 이 돌출한 사태를 설명할 수 있을까.

나의 개인적 의견으로는 굴산사 즉 사굴산파가 가지고 있었던 통합과 화해의 정신이 당간지주로 이어졌다고 본다. 기존의 귀족 중심의 교종(敎宗) 교단에 대한 일종의 반사작용으로 비교적 무지한 민중을 위한 것이 선종(禪宗)의 정신이긴 했지만 시간이 흐르면서 이곳 강릉의 굴산사를 중심으로 교선(敎禪) 일체 운동이 싹 트기 시작한 것으로 보고 싶다. 그것은 이 사굴산파에 뿌리를 두고 전개되어 나간 선종에서 범일을 거쳐 행적과 개청을 거쳐 결국 고려조 지눌선사의 정혜결사 등의 교선 통합 운동이 나타나 오늘 날의 조계종의 뿌리가 탄생했다는 주장으로 이어질 수 있을 것으로 본다. 이 글의 뒷부분에 그 문제를 집중적으로 기술해 보기로 하고 여기서 그 문제는 생략하지만 당간지주의 거대함을 이해하는 한 근거가 될 것이다. 후삼국을 통일하고 통합과 화해를 외치며 새로 건국한 고려 왕조의 당당하고 위엄있는 모습을 상징하기 위해 전국 최대의 당간지주를 세운 것이라 볼 수도 있기 때문이다. 어쩌면 뒤늦게나마 고려 왕건의 삼국통합에 기여한 강릉의 호족들에게 고려 왕조가 내린 선물일 수도 있을 것이라는 것이 나의 생각이다. 아니면 강릉의 호족들이 십시일반 시주를 하여 거대한 당간지주를 세워 통합의 시대를 앞서 외친 것인지도 모른다.

생각해 보면 불교가 정신적 중심이었던 신라말이나 고려시대에 이 당간에 거대한 괘불(掛佛)이 걸리고 그 앞에는 수 만 명의 신도들이 모여 문자 그대로 야단법석(野壇法席)을 이루었을 것이다. 현재 남아 있는 괘불탱화 중 가장 큰 것이 가로 10미터 세로 13미터 정도이니 여기 이 당간지주에 걸렸던 괘불은 그보다 훨씬 거대한 규모였을 것으로 보인다. 법회(法會)가 열리는 날이면 금광평의 그 넓은 벌판에 강릉읍성의 남녀노소 모두 모여 북새통의 축제를 열었을 것이고 그런 전통은 아마도 단오제로 이어졌을 것이다.

〈굴산사지 당간지주〉

당간지주에서 논둑길을 한참 걸어 지나가면 미륵굼이라고 부르는 곳이 나타난다. 아마도 미륵보살이라고 믿었던 보살상이 있는 곳이라 마을 사람들은 그 지점을 그렇게 불렀을 것이다. 원래는 벌판 숲 속에 있었으나 현재는 보호각을 지어 모신 높이 1.5m의 비로자나불 좌상이 있다. 얼굴은 마치 누가 일부러 갈아낸 듯 반질반질 눈 코 입의 안면부가 사라졌다. 목도 거의 표현되지 않았고 얼굴이 가슴 위로 길게 내려와 있어 몸에 붙어있는 듯하다. 머리 위에는 8각의 보개가 놓여 있는데 주변에 있던 석등의 옥개석을 올려놓은 것으로 보인다. 각이 진 어깨는 네모반듯하며 양쪽 어깨를 걸친 통견의 법의를 입고 있다. 신체의 곡선은 전혀 드러나지 않으며 옷주름 표현도 완전 생략되어 있다. 무릎 아래는 새로 만든 대좌에 가려져 있어 전체적인 형태를 알 수 없다. 몇 군데 수선한 흔적이 있는 것으로 보아 천 년 세월 동안 많은 시련을 견디며 버틴 듯하며 그나마 화강암 재질로 되어 있어 버티어 낸 것으로 보인다. 이밖에도 절 주위에는 범일의 탄생에 얽힌 설화를 간직한 학바위〔鶴巖〕와 석천(石泉)이 있다. 신축 굴산사에 보관되고 있는 2구와 보호각에 있는 이 불상은 전반적으로 마멸이 심하여 보존상태가 좋지 않고 조각의 수준도 우수하지는 못하나, 강릉지역에 전해지는 비로자나불상이라는 점에서 중요한 의미가 있다.

〈미륵굼터에 남아 있는 비로자나불좌상〉

굴산사는 851년(문성왕13) 이전에 창건된 것으로 추정되며 851년 범일(梵日)이 주석한 이후 선종 구산선문 중 사굴산문의 본산으로 성장했다. 1113년(현종4) 거란 침입 때 소실 후 다시 중창했으며 여말선초 폐사된 것으로 학계에선 추정을 한다. 그러나 필자는 이 거란 즉 요나라의 침입으로 절이 소실되었다는 설에 의문을 가지고 있다. 2015년 발굴 조사에서 1113년을 지칭하는 '천경3년'(天慶三年)이라는 글자를 새긴 기와가 발굴됐다. 천경은 거란족이 세운 요나라 마지막 황제인 천조제(天祚帝)가 1111년 이래 1120년까지 사용한 연호다. 이런 연호와 연대를 쓴 명문 기와는 인근 양양 진전사(陳田寺)에서도 발견된 바 있어 두 사찰이 같은 1113년에 중수됐음을 알려주는 자료라는 점에서 관심을 끈다. 거란에 의해 굴산사 사찰건물이 소실되었다고 기록된 해에 거란왕의 연호가 적힌 기와가 발견되었다는 이 모순된 사실을 어떻게 받아들여야 할까. 누가 기록했는지는 잘 모르겠지만 나는 개인적으로 기록보다는 유물을 믿고 싶다. 기와가 요즘처럼 공장에서 대량생산되지 않았던 옛날에는 절이나 궁궐 등 큰 건축물을 세울 때는 인근에 작은 기와 공방을 만들어 수작업으로 기와를 만들어 쓰는 것이 일반적이다. 나무로 틀을 만들고 천 등을 덮은 채 잘 다진 진흙을 이겨 넣고 그늘에 말린 뒤 가마에서 구워내는 제조방식이었을 것이다. 이런 수작업이기 때문에 오히려 마르기 전에 글자를 새겨 넣는 일이 수월했을 것이다. 그런데 거기에 얼마 전에 절을 불지른 적도(敵徒)들의 우두머리 이름을 새긴다는 것은 상식적으로 납득되지 않는다. 오늘 날에도 절에 가면 돈 만 원씩 시주를 하고 기왓장에 이름을 적는 불사(佛事)가 흔했듯이 옛날에도 그리했을 것이다. 즉 거란왕의 시주(施主)의 결과가 그런 글자를 새기게 했을 가능성이 농후하다.

거란족이 우리 민족과 관계를 가지기 시작한 것은 고구려 장수왕 때로 그 연원이 오래되었지만, 밀접하게 된 것은 고려시대부터이다. 야율아보기는 922년(태조 5) 고려 태조에게 낙타·말 등을 보내 수교를 요청했다. 그런데 926년에 거란이 발해를 멸망시키자, 고려 태조는 거란을 적대시하여 942년에 요나라 태종이 보내온 낙타 50필을 만부교(萬夫橋) 아래에서 굶겨 죽이고 사신 30명을 유배 보냈다. 광종은 거란의 침입에 대비하여 광군사(光軍司)를 설치했다. 요나라 성종은 정국의 안정을 이룩한 후 송이 고려에게 거란을 협공하자고 제의한 것과 발해유민이 세운 정안국(定安國)이 고려와 왕래하는 것을 주시하다가, 986년 정안국을 멸망시키고 압록강 유역에 성책을 구축하여 고려 침입을 준비했다. 이후 993년(성종 12) 10월 거란의 소손녕(蕭遜寧)이 고려가 고구려의 옛 땅을 점령하고 있음과 거란과 수교를 하지 않음을 이유로 침입해 왔다. 1010년(현종 1) 11월에는 강조(康兆)가 목종(穆宗)을 시해했다는 것을 구실로 성종이 직접 침략해왔고, 1018년 12월 소배압(蕭排押)이 침입하는 등 모두 3차례에 걸쳐 공격해왔으나 그때마다 서희(徐熙)·양규(楊規)·강감찬(姜邯贊) 등의 뛰어난 전술로 격퇴했다. 그러나 이로 인하여 양국의 인적·물적 손실은 적지 않았으며, 결국 양국간의 화해가 이루어지면서 고려는 송과 국교를 끊고 요의 연호를 쓰는 대신 1차 침입 때 획득한 강동 6주를 그대로 차지하게 되었으니 이 때 서희가 활약했다. 그러나 고려는 북방에 대한 경계를 강화할 필요를 느껴 강감찬의 건의에 따라 개경에 나성(羅城)을 축조하는 한편, 압록강 하구에서 도련포(都連浦)에 이르는 지역에 천리장성을 축조했다.

이런 적대적인 정사(正史)의 내용과는 달리 필자의 사견(私見)을 말해 본다면 실제로 함경 강원 경상도 동해안변의 지역들은 거란과의 몇 차례 전쟁 이후 평화 시기 동안 동해 연안의 바다를 통한 거란과의 교류가 상당했던 것으로 보인다. 신석기 시대의 토기들의 모양이 북방계라는 것은 차치하고라도 춘천국립박물관에 보관되고 있는 국보 124호인 한송사지 발굴의 석조보살좌상이 북방식 원통형 모자를 착용하고 있고 이런 불상의 모양은 내곡동 신복사(神福寺) 불상이나 월정사(月精寺) 9층석탑 앞의 불상도 같은 모양이다. 이 보살상은 다리를 편안히 놓는 서상(舒相)의 자세로 앉았다. 오른쪽 다리를 안으로 하고 왼쪽 다리를 밖에 두는 좌서상(左舒相)을 취하고 있어서 우서상(右舒相)을 취한 강릉시립박물관의 한송사지 석조보살좌상과 반대되는 자세이다. 또한 반타원형의 대좌 위에 앉아 있는데, 이것은 원 대좌에 끼워 넣기 위한 대좌 촉으로 생각된다. 신복사지 석불좌상처럼 원래의 연화대좌는 따로 만들어졌을 것으로 생각된다. 보살상의 명칭은 『동문선』에 기록된 바와 같이 문수보살일 수도 있으나 거기에 대해서는 도상적(圖像的)인 문제와 함께 앞으로 검토되어야 할 것이다. 고려 초(10세기)의 대표적 작품의 하나로서 주목될 뿐만 아니라, 일반적 석조 불상의 재료인 화강암 대신 백대리석을 사용하여 제작한 점도 주목된다.

나아가 요나라 연호를 쓴 유물이 발견됨으로써 고려와 요나라 간 활발한 교류 관계도 다시금 드러났다. 어쩌면 1113년에 거란의 침략으로 굴산사가 불 탔다는 얘기는 중화(中華)주의에 찌든 고려말 조선초 유학자들에 의해 진실이 왜곡되었을 가능성도 충분하다고 필자는 보고 있다. 혹은 서희의 담판 이후 한때 요나라 연호를 쓴 흔적인지, 그들이 망국의 과정에서 대량 이주(移住)해 왔는지, 아니면 사찰 중수과정에서 시주(施主)에 동참했는지 등의 교류의 구체적 내용은 더 조사해 보아야할 것이다. 지난 굴산사 터 조사에서는 '오대산 금강사'(五臺山金剛社)라는 기와가 발견됨으로써 문헌에서만 희미하게 전하던 오대산 신앙결사의 실체가 처음으로 고고학 발굴로 드러나기도 했다.

〈석조보살좌상 왼쪽부터 한송사지(춘천.강릉), 월정사, 신복사 소재〉

문헌으로만 희미하게 존재했던 굴산사지는 1936년 일제 강점기 대홍수로 인해 초석과 계단 등 사찰지 내 유구가 일부 확인되었다. 1980년, 1998년 강릉대 박물관에서 해체 복원 및 탐색조사를 실시하면서 알려지기 시작하였다. 다시 2002년 (재)강원문화재연구소에서 태풍 루사 피해에 따른 긴급 발굴을 했고, 20010~11년, 2012~2015년에 국립중원문화재 연구소에서 다시 발굴 조사를 하였다.

굴산사지는 추정 중심공간과 승려들의 생활공간, 승탑과 탑비가 세워진 선종공간 등 다양한 공간으로 이루어져 있으며, 각 공간에는 건물, 담장, 배수로, 보도시설 등이 조성되어 있었다. 추정 중심 공간은 가운데 중정(中庭)을 두고 건물을 ㅁ자 형태로 배치하였으며, 생활공간에는 여러 주축 방향을 가진 소규모 건물과 디딜방아 시설을 조성하였다. 선종공간에는 탑비전과 연못, 승탑, 탑비와 승탑 구역을 서로 연결하는 보도 및 계간 시설을 구축하였다.

사역 안에는 탑비의 귀부(龜趺, 거북이 받침석)와 비석편, 승탑 부재, 굴산사「掘山寺」·천경3년　天慶三年」·오대산금강사「五臺山金剛社」 등 명문 기와와 고려자기, 청동 종편 등 다량의 유물이 출토되었다.

　조사 구역에서는 방형 초석을 쓴 정면 5칸, 측면 2칸짜리 건물터와 정면 6칸, 측면 4칸인 북쪽 대형 건물지를 중심으로 동·서에 긴 행랑 터가 드러났다. 공중에서 내려다볼 때 그 내부에는 '□'자형 중앙 정원(中庭)을 갖춘 것으로 밝혀졌다. 연구소는 대형 건물터 내에 긴 장대석(長大石)으로 만든 내부 공간에 조리시설이 있는 부엌과는 달리 난방 전용 공간인 함실(函室) 아궁이가 여러 갈래 고래로 연결되는 모습을 주목해 이것이 "강원지역의 전통적인 난방시설인 대형 코클(벽난로의 일종)의 하부구조로 판단된다"고 덧붙였다.

　연구소는 이와 같은 건물 배치라든지 내부 온돌시설로 볼 때 이들 건물은 굴산사의 승려들이 생활한 승방지(僧房址)와 참선 등을 위한 선방지(禪房址), 기타 생활을 위한 부속시설으로 추정했다. 서행랑 터 최북쪽 칸에서는 차(茶)를 제조한 곳으로 추정되는 아궁이와 소형 철제 솥, 청동 발, 청자 편 등이 출토됨으로써 이곳이 고려시대 사찰에서의 다실(茶室)·다도(茶道)와 관련된 시설물로 추정된다고 연구소는 말했다. 귀부는 머리 부분이 결실된 상태로, 너비 255㎝, 길이 214㎝, 몸통 높이 93㎝의 크기로 이뤄져 있다. 특히, 이 귀부는 3중으로 된 육각형의 귀갑(거북의 등딱지)과 치켜 올라간 꼬리, 뒷발가락이 사실적이고 생동감 있게 조각돼 있다. 몸통의 중앙에는 비신(비문을 새긴 비석의 몸체)을 세웠던 비좌가 마련돼 있고 둘레는 구름 문양으로 장식돼 있다. 아울러 귀부 주변에서는 글자가 새겨진 비신 조각도 발견됐다. 굴산사지에서는 지난 1978년에 '명주도독'이라는 글자가 새겨진 비신 조각이 지표조사 시 수습된 바 있는데 이번에 발견된 비신 조각과는 암질과 글자체에 차이가 있어 서로 다른 개체인 것으로 추정된다.

어린 시절 이 곳 굴산사지 인근에서는 밭갈이를 하다가 쟁기 끝에 녹슨 금속파편 조각이 걸리면 밭 옆에 두었다가 마루 밑에 던져 두면 엿장수가 와서 호박엿 몇 가락 주고 갖고 갔다는 이야기도 더러더러 들었던 기억이 난다. 따지고 보면 이런 일은 사찰이 급격한 이유로 폐사되었을 때 나타날 수 있는 현상이다. 녹슨 쇠로 된 보살 조각편이나 금동보살 파편이 이렇게 출토된다는 것은 기록처럼 거란족이 쳐들어와 불태웠던가, 아니면 자체적인 화재로 소실되었거나 아니면 홍수 등의 천재지변으로 절이 큰물이나 사태(沙汰)를 만났을 때만 나타나는 현상이라고 보는 것이 상식이다.

조금 상상의 날개를 펴 보자. 구정면의 뒤를 이루는 산들은 왕산면과 경계를 이루는 매봉산과 칠성산 만덕봉의 연봉으로 이루어져 있다. 그 중 학산리 위의 매봉산과 칠성산이 만나는 끝자락은 이상하게도 수맥(水脈)이 많이 발달되어 있다. 그래서 그 마을은 동네 이름 자체가 설래이다. 설래란 말은 물이 새어나오다는 의미를 가진 설(泄) 자와 우리 말 내가 합쳐진 말로 한자어로는 설천(泄川)이라 쓰기도 한다. 필자의 경우도 장인 묘를 이 동네에 모셨다가 계속 습기가 차서 결국 사천 공원묘지로 이장을 한 경험도 있는데 말인즉슨 곳곳에서 샘물이 흘러 나온다는 말이다. 천년이나 몇 백년 쯤 전에 아마도 이 설래에서는 엄청나게 큰 산사태가 일어나서 그 때까지 흐르던 물길이 바뀌고 그 막대한 양의 토사가 쌓여 거대한 선상지(扇狀地)가 형성된 것으로 보인다는 것이다. 짐작컨대 산사태가 난 지점은 현재의 테라로사 본점 건물 좀 위쪽에서부터 어단리 끝자락까지의 현 칠성저수지쪽으로 보인다. 그 쪽이 유난히 산세(山勢)가 삼각뿔 모양으로 쑥 들어가 있고 그 곳에 원래 있던 토사가 현재 금광평 즉 굴산사 앞에서 옥동마을쪽까지 내리 덮인 것으로 감히 추정해 본다. 실제로 앞에 언급한 미륵굼쪽의 도랑 가에는 큼지막한 둥근 돌들이 많이 분포하고 있고 그 돌들은 현재의 학산1리와 금광리 군부대 옆 경계쪽에서도 보이고 있다. 이것은 학산천의 물길이 그 쪽으로 흐르다가 산사태 이후 오늘 날의 방향으로 진로가 바뀌었다는 강력한 증거가 아닐 수 없다. 결론적으로 말하면 구정면의 다른 마을에는 사람들이 여전히 살고 있던 시절인 조선조 초기에 학산리 마을이 약 200여년 간 공동화되었다가 그 후 평해 황씨가 이주해 와서 정착하기 시작했다는 기록과 굴산사의 급격한 폐사를 연결해 보면 아마도 조선조 초 어느 때쯤 이런 자연재해 사건이 있었던 것으로 보이는데 자세한 연구는 지질학자들의 몫이 될 것이다.

어떤 사람들은 이 마을에 고려 왕조에 충성한 불교 집단을 중심으로 한 세력이 조선 왕조가 들어선 뒤에도 여전히 고려에 대한 충성심을 버리지 않아 어느 정도 조선 조정이 안정된 뒤 조선 왕조의 명령을 받은 관군(官軍)들이 몰려와 그 집단의 중심지인 굴산사를 불태우고 승려와 주민들을 내쫓고 다시는 이 마을에 사람이 살지 못하게 하라는 어명(御命)을 내려 마을이 공동화 된 것으로 상상하는 사람도 있다. 전설(傳說)이긴 하지만 고려말 우왕(禑王)에 대한 이야기도 남아 있고 왕고개라는 지명이나 장안(長安)재라는 지명은 아무데나 붙이는 것이 아닌 것이다. 게다가 굴산사 앞에 어단(御壇)을 모시고 고려 왕조에 대한 여전한 충성심을 표한 선비들이 있었다는 기록은 확실한 것으로 보인다. 후에 이 사실을 알게 된 조정에서 시대착오적(?)인 이 선비들을 나름 갸륵하게 여겨 죽이지 않고 축출하자 이들이 망덕봉 아래 계곡에 옮겨 가서 그곳을 단경(壇京)이라 칭하고 여전히 고려 왕조에 충성심을 보였다고 한다. 나중에 그들이 거처하던 곳에 서원(書院)이 만들어지니 그것이 송담서원이고 자연스럽게 율곡 이이의 위패를 모시는 서원으로 발전하여 오늘 날에도 그 모습을 유지하게 되었다는 것이 구정면에 전해지는 이야기의 내용이다.

굴산사 이야기에서 조금 벗어난 이야기는 차치하고 신라 불교 오교구산(五敎九山) 중 선종(禪宗)의 일파인 사굴산파의 본산이었던 굴산사를 불교사(佛敎史) 적인 입장에서 조금 더 살펴 보자.

굴산사를 창건한 범일(梵日, 810년~889년)에 대한 공식 기록은 다음과 같다.

신라의 승려로 구산선문 중 사굴산파를 처음 만들었다. 성은 김씨, 경주 출신이며, 품일(品日)이라고도 한다. 아버지는 명주도독을 지낸 김술원(金述元)이며, 어머니는 문씨이다. 15세에 출가하여 20세에 구족계(具足戒)를 받았다. 831년(홍덕왕 6) 왕자 김의종(金義宗)과 함께 당(唐)나라로 건너가 여러 고승을 순방하던 중, 6조 혜능(惠能)의 직계이자 조사선의 시조인 마조도일(馬祖導一, 709-788)의 제자인 염관 제안(鹽官 齊安)을 만나 성불(成佛)하는 법을 물었는데, 제안이 "도(道)는 닦는 것이 아니라 더럽히지 않는 것이며, 부처나 보살에 대한 소견을 내지 않는 평상의 마음이 곧 도이다." 라고 하였다. 이 말을 듣고 범일은 크게 깨달았다. 제안의 문하에서 6년 동안 머물다가 유엄(惟儼)을 찾아가 선문답(禪問答)을 나누고 인가를 받고 신라에 돌아왔다. 851년까지 백달산에 머무르며 정진하다 851년에 명주도독의 청으로 강릉 굴산사(崛山寺)로 옮겨 구산선문의 하나인 사굴산문(闍崛山門) 혹은 도굴산문을 형성하고 40여년간 주석했다. 그 때 경문왕·헌강왕·정강왕이 차례로 국사(國師)로 받들어 경주로 모시고자 하였으나 모두 사양하였다.

범일국사는 진귀조사설(眞歸祖師說)을 주장했다. 원래는 천축 28대 조사스님인 보리달마의 달마밀록에 수록된 설이라고 하는데, 달마밀록은 현재 전해지지 않는 책이라서 신빙성을 의심받기도 한다. 진귀조사설은 진성여왕이 불교의 선(禪)과 교(敎)의 뜻을 물은 데 대한 대답이다. 석가모니가 35세인 기원전 589년 12월 8일(음력) 새벽에, 마가다국 가야성 가야림 보리수 밑에서 명상을 하다가, 샛별을 보고 진리를 깨달았으나 궁극의 경지가 아님을 인식하고 있었는데, 임오년(기원전 579년, 45세)에 히말라야 설산(雪山)으로 들어가 수행하다가 진귀조사를 만나 교(敎) 밖에 따로 전하는 선지(禪旨)를 얻고 대오하였다는 것이다. 그리고 신라의 무염이 《능가경》을 배우다 조사의 길이 아니라고 하여 이를 버리고 당나라로 가서 선법을 익힌 것이나, 도윤이 《화엄경》을 읽다가 심인(心印)의 법과 같지 않다 하고 당나라로 가서 선을 공부한 것 등이 이를 뒷받침하는 것이라고 말했다. 현재 한국 불교는 육조혜능의 육조단경을 매우 많이 읽고, 유명한데, 육조란 보리달마를 1대 조사(祖師)로 하는 중국 불교 6대 조사스님이란 뜻이며, 조사스님이란 진귀조사설을 지지한다는 의미이다. 진귀조사설에서 조사스님이란 개념이 생겨났기 때문이다. 그쪽에서는 조사스님 이외의 깨달은 스님은 그냥 부처님, 선지식이라고 부른다. 한국 제7대 조사스님인 서산대사는 말년에 사명대사에게 선교결을 써 주었다. 선교결은 서산대사의 명저로 유명하다. 여기서 "이 선(禪)의 법은 우리 부처님 세존도 또한 진귀조사에게서 따로

이 전해받은 것"이라고 말하고 있다.

　범일은 생전 수도자의 본분에 대해서는 "부처의 뒤를 따르지도 말고 다른 사람의 깨달음도 따르지 말라. 앞뒤 사람을 바라보고 돌아볼 것도 더 이상 닦고 얻을 바도 없는 본래 부처로서의 철두철미한 자기 본분의 자각을 수행의 목표로 삼을 것"을 강조하였다. 889년에 입적하였으며 그 후 강릉단오제의 주신인 국사성황신으로 대관령국사성황사에 모셔지고 있다. 시호는 통효대사(通曉大師)이며, 탑호는 연휘(延徽)이다. 범일의 법맥을 이은 대표적인 제자로는 개청(開淸)·행적(行寂) 등 10대 제자가 있었다.

　그의 제자 행적(行寂, 832~916)은 870년에 당에 가서 석두 희천 문하인 석상 경저(石霜慶諸)의 선법을 전해 받고 885년에 귀국했다. 그는 하동 최씨(河東崔氏) 패상(佩常)의 아들로 어려서부터 모래로써 탑을 만들고 놀았으며 출가에 뜻을 두었다가 부모가 출가를 허락하자 삭발하고 가야산 해인사에서 화엄의 묘의(妙義)를 배웠다. 847년(문성왕 9)에 복천사(福泉寺)에서 구족계를 받은 뒤 굴산사(崛山寺)의 범일 통효대사(通曉大師)를 찾아가 수년 동안 수행하였으나, 오도(悟道)의 경지에 이르지 못하였다. 870년(경문왕 10) 조공사 김취영(金聚榮)을 따라 당나라로 가서 보당사(寶堂寺) 공작왕원(孔雀王院)에 머물렀다. 얼마 뒤 당나라 의종의 생일에 칙명으로 입궐하여, '불적을 순례하고 법을 깨달은 뒤 귀국'하고자 하는 입당(入唐)의 포부와 목적을 당당하게 밝혀 의종의 두터운 신임을 얻었다. 그 뒤 오대산 화엄사로 가서 문수보살전에 예배할 때 홀연히 신인(神人)을 만나 남방으로 갈 것을 권유받았다. 그 뒤 875년(헌강왕 1) 남방의 성도(成都)의 정중정사(靜衆精舍)에 가서 신라승 무상대사(無相大師)의 영당(影堂)에 유예배하였고, 다시 청원(青原) 문하의 석상 경저(石霜慶諸)로부터 심인(心印)을 전하여 받았다. 신라인으로서 청원의 법을 이은 것은 그가 시초였다. 그 뒤 중국의 선지식(善知識)을 두루 참방하고 조계(曹溪)에 들러 육조탑(六祖塔)에 예배하였다.

885년에 귀국하여 다시 통효대사를 모셨으며 889년 범일이 입적하자 그의 법을 이어받았다. 그 뒤 897년 효공왕이 즉위하자 선종(禪宗)을 중시하여 그를 경주로 불러 국사의 예로써 대우하였다. 또, 신덕왕도 국사로 삼고 915년(신덕왕 4) 남산의 실제사(實際寺)를 선찰(禪刹)로 바꾸어서 머무르게 하고 가르침을 받았다. 얼마 뒤 사양하고 은거하려고 하였으나 여제자인 명요부인(明瑤夫人)이 석남산사(石南山寺)로 청하였으므로 그곳에 머무르다가 입적하였다. 제자로는 신종(信宗)·주해(周解)·임엄(林儼) 등 500여 명이 있어 사굴산파의 법맥을 크게 떨쳤다. 954년(광종 5)에 봉화군 태자사(太子寺)에 최언위(崔彥撝)가 글을 짓고 김생(金生)의 집자(集字)로 된 비가 세워졌으며, 지금은 경복궁에 이전되어 보존되고 있다. 시호는 낭공대사(朗空大師)이며 탑호는 백월서운(白月栖雲)이다.

범일의 선맥은 또 개청(介淸)으로 이어졌다.

개청은 흥덕왕 10년인 835년에 태어나 신라말 경순왕 4년 930년에 입적했다. 성은 김씨로 경주 출신 김유차(金有車)의 아들이다. 신승(神僧)이 금인(金印)을 주고 가는 태몽이 있었다 한다. 8세 때 취학하여 유학을 공부하다가 25세 때에 화엄사(華嚴寺)의 정행(正行)에게 가서 승려가 되었다. 강주(康州) 엄천사(嚴川寺)에서 구족계(具足戒)를 받았으며, 대장경을 읽다 옥축일음(玉軸一音)이 들려 금강삼매(金剛三昧)의 진리를 얻었다. 혼자서 3년 동안 수선(修禪)하다가 통효(通

曉 즉 범일)의 도성(道聲)을 듣고 굴산사(堀山寺)로 찾아가 심인(心印)을 전하였다. 889년 통효대사가 입적하자 알찬(閼湌) 민규(閔規)의 청함을 받아 보현산 지장선원(地藏禪院)에 머물며 도로를 개통하고, 법당과 탑을 새로 세웠다. 학도들이 사방에서 모여들었고, 경애왕이 사신을 보내어 국사(國師)의 예(禮)를 표하였다. 930년 보현사 법당에서 입적하였다.

문도 가운데 뛰어난 제자로는 신경(神鏡)·총정(聰靜)·월정(越晶)·환언(奐言)·혜여(惠如)·명연(明然)·홍림(弘琳) 등이 있다. 940년(태조 23)에 세워진 비가 개청사(開淸寺) 즉 보현사(普賢寺)에 있다. 시호는 낭원(朗圓), 탑호(塔號)는 오진(悟眞)이다.

고려시대의 사굴산파 고승으로는 예종 때의 혜소(慧炤)를 들 수 있다. 그는 사굴산파의 소속으로 송나라에 가서 정인(淨因)의 법을 받아 귀국한 뒤 광명사(廣明寺)와 순천의 정혜사(定慧寺)에서 후학들을 양성하였다. 제자들 가운데 탄연(坦然)과 지인(之印)은 이 문파를 크게 진흥시켰다. 탄연은 산청의 단속사(斷俗寺)에서 선풍을 크게 떨쳤고, 예종의 왕자였던 지인은 선법 외에도 교관(敎觀)과 시문(詩文)에도 능통하였다고 한다.

특히 고려 중기에 선을 크게 중흥시킨 지눌(知訥)도 사굴산파 출신이다. 지눌에 대해서는 더 이상 이야기를 보태지 않아도 모두가 알고 있듯이 타락한 고려 불교를 정화하고자 정혜결사를 열고 조계종이란 화합의 불교를 일으킨 사람이다.

지눌은 참선만을 일삼거나 불경만을 가르치면서 각기 그것만이 옳다고 주장하는 폐단을 바로잡으려 했다. 게다가 선종과 교종은 끊임없는 마찰을 빚었다. 불립문자 견성성불(不立文字 見性成佛)을 표방한 선종은 교종을 아주 낮게 보았고, 부처님 말씀을 토대로 중생을 제도해야 한다고 표방한 교종은 선종을 현실을 외면하고 있는 무리라고 매도했다. 선·교종은 신라 후기부터 대립해왔는데 이들의 조화를 들고 나온 것이 대각국사 의천이었다. 지눌은 이러한 현실 모순을 보고 개혁에 큰 관심을 쏟기 시작했다. 불자는 온갖 명리를 버리고 몸소 실천하며 불교의 혁신운동을 벌여야 한다고 주장했다. 이 내용이 퍼지자 불교계는 술렁거리기 시작했다. 청년 지눌의 이름은 널리 퍼졌고 그의 사상도 터전을 잡아갔다. 참선은 진정 어디에 있는가? 은둔적 삶에 있지 않으며 현실에 뿌리박아야 한다는 것이었다. 그리하여 진정한 보살행을 통해 중생제도에 바탕을 두어야 한다는 것이다.

40대를 갓 넘긴 지눌은 송광산(松廣山) 길상사(吉祥寺)(지금의 조계산 송광사의 옛 이름)에 자리를 잡고서 정혜결사운동을 본격적으로 벌였다. 그는 외쳤다. "참선과 지혜를 다 같이 공부하여 만행(萬行)을 같이 닦는데, 어찌 헛되이 입을 꾹 다물고 있는 어리석은 선객〔守默之痴禪〕과 글만을 찾아 가르치는 미친 혜자〔尋文之狂慧〕에 비하리오." 이는 곧 참선만을 일삼거나 불경만을 가르치면서 각기 그것만이 옳다고 주장하는 폐단을 바로잡으려 한 것이다. 그러나 여기에는 한 가지 유의해둘 것이 있다. 지눌은 정혜쌍수를 주장했으나 참선을 윗자리에 두어야 함을 가르쳤다. 그의 선배인 의천이 교관겸수를 주장했을 적에 교를 우선해야 한다고 가르친 것과는 다소 상반된다. 그럼에도 그가 설립한 정혜결사에는 많은 사람들이 밀려왔다. 당시 길상사 옆에 정혜사라는 절이 있었다. 이름으로 비롯되는 혼동을 피하기 위해 길상사를 수선사라고 이름을 바꾸었다. 늘 그를 흠모해왔던 왕자가 왕이 된 것은 1205년이었다. 새 왕 희종(熙宗)은 친필로 '조계산 수선사'라는 현판을 내려주었다. 그리하여 수선사는 국가공인의 결사운동 중심지가 되었다. 그가 열반한 뒤 고려의 불교계는 판도가 완연히 달라졌다. 명리를 쫓던 승려들은 부끄러움을 느껴 타락의 길을 피했고, 선교의 우위싸움은 뚜렷이 조화, 화합의 길을 찾아가기 시작했다. 그리하여 고려의 불교계는 의천의 종지를 받드는 천태종과 보조의 종지를 받드는 조계종으로 양립하게 되었다.

조계종(曹溪宗)이란 선파의 이름은 명종 2년(1172)에 세워진 '고려국(高麗國) 조계종(曹溪宗) 굴산하(堀山河) 단속사(斷俗寺) 대감(大鑑)국사(國師) 지(之)비(碑)'에 보이고 있다. 조계종을 대표적 종단(宗團)으로 키운 것은 역시 지눌이었다. 그 뒤 이성계를 도와 조선의 건국에 공헌한 태고화상 보우(普愚)와 무학대사 자초(自超)도 보조국사 지눌의 맥을 이어 조계종의 조사가 되었다.

조선조의 불교는 유교국가의 지향으로 많은 압제를 받아 위축되었다. 이런 마당에서 선교의 대립이 별로 첨예하지 않았다. 승려들 사이에서는 흔히 "선은 부처님의 마음이요, 교는 부처님의 말씀"이라는 말이 유행했는데, 이는 모두 의천과 지눌의 가르침 때문이다. 그리하여 조계종은 16국사가 배출되고 또 조선시대 가장 큰 교단을 지하며 내려왔다. 임진년 전쟁 때 구국의 길에 나선 서산대사와 사명대사 역시 조계종 계통이다.

필자가 조금 지루하게 한국 불교의 유래를 찾아본 이유는 굴산사라는 절이 지금 폐사지로 저리 방치해도 될 정도로 시시한 절터가 아니라는 말을 하고 싶은 것이다. 그 곳이 현재 한국 불교의 중심인 조계종의 탯줄을 간직한 곳이라는 사실을 알아야 한다는 것이다.

루사호 이후 발굴을 담당한 국립중원문화재연구소(소장 김성범)는 굴산사 터에 대한 발굴조사 결과 오대산 신앙결사가 존재했다는 고고학적 증거를 확보했다고 발표했었다.

발굴조사에서는 특히 '굴산사(崛山寺)' '오대산(五臺山)'이라는 글자가 적힌 기와 외에도 '오대산 금강사(五臺山 金剛社)'라는 글자가 있는 12세기 무렵 고려시대 기와가 확인됐다. 오대산 금강사는 삼국유사 탑상(塔像) 편에 '대산오만진신(臺山五萬眞身)'이라는 제목으로 실린 글에 등장하는 곳으로, 이에 의하면 금강사는 국가의 안녕을 위해 오대산 동·서·남·북, 그리고 중앙에 각각 위치한 5개 사찰에서 각각 결성됐다는 신앙결사 중에서도 남방의 남대(南臺)에 있던 결사체. 김성범 소장은 "그간 금강사는 사료로만 전해졌을 뿐 그 정확한 위치와 장소(사찰)가 불명확한 상태였지만 이번 굴산사터 발굴 결과 이곳에서 금강사 결사가 이뤄졌다는 고고학적 유물을 최초로 확인했다"며 "이는 향후 불교사상사와 고고미술사 등 관련 분야의 연구에 크게 기여할 것"이라고 말했다. 짐작컨대 이것이 이 후 지눌에 의한 조계종 탄생의 결정적인 사건인 정혜결사로 이어졌다는 것이 필자의 생각이고 그런 점에서 이 굴산사의 불교사적 중요성은 아무리 강조해도 모자라지 않다는 것이다.

현재 굴산사지 언덕 위에는 굴산사란 이름을 가진 작은 절이 있긴 하지만 이 절은 사실 원래의 굴산사와는 별 상관없는 절이다. 다만 그 법당에는 굴산사지 유물인 비로자나불좌상 2구가 봉안되어 있다. 그리고 2002년 태풍 루사 피해를 입기 직전 석천 우물가에 있었던 머리가 없는 불상도 경내에 보관하고 있다.

학산마을에는 오독떼기라는 독특한 농요(農謠)가 전래되어 무형문화재로 지정되어 있고 굴산사지 앞에는 전수회관도 세워져 있다. 학산 오독떼기는 전직 초등학교 교장인 황근각 씨 등의 노력으로 1988년 강원도무형문화재 제5호로 지정되었으며 당시 동기달(董基達)씨를 비롯하여 등 김철기(金澈起)·최찬덕(崔燦德)·윤홍용(尹興鏞) 4명의 기능보유자와 약간 명의 전승교육사가 지정되었다. 초기 기능보유자는 모두 작고하시고 지금은 최삼룡씨가 선소리꾼으로 있다. 과거에는 마을마다 부르는 특유의 아리랑이 있었고 거기서 파생된 사리랑이라는 곡도 있었다고 한다. 오독떼기는 가장 농사일이 힘든 김매기 때 부르는 농요로 다른 지역의 것은 모두 사라지고 이 학산 마을만 오래도록 남아 있어 문화재로 지정된 것이다. 초성이 좋고 문기(文氣)가 있는 선소리꾼이 메김소리를 부르면 나머지 사람들이 함께 합창으로 받음소리를 내는 선후(先後) 창으로 부르는 이런 노래들이 강릉에서는 신라시대 때부터 즐겨 불렀다는 이야기가 전해진다.

〈학산2리 오독떼기 전수회관 앞의 가사비〉

필자는 최초의 선소리(先唱)꾼인 고(故) 동기달 옹과 생전에 인터뷰를 한 적이 있는데 70년대까지는 마을마다 품앗이하는 두레패들이 있어 서로 깃발을 세우고 경쟁적으로 농요를 불렀다고 한다. 특히 인근마을과 맞닿은 논에서 일할 때에는 아예 선창꾼은 일을 안하고 노래에만 집중하기도 했었다고 한다. 오독떼기는 특히 김매기 할 때 부르는 노래로 초벌김·두벌김·세벌김 등 김매기 때만 되면 마을마다 두레패를 이루어 번갈아 부르며 일했다고 한다.

오독떼기가 곳곳에서 불려지던 시절에는 지역이나 부르는 속도나 가사 내용에 따라서 냇골 오독떼기, 수남 오독떼기, 하평 오독떼기 등으로 이름이 달랐다고 한다. 미·솔·라·도·레의 5음으로 되어 있고 미음에서 시작하여 미음으로 끝나며 장단은 일정하지 않았다. 내용은 크게 모내기소리·김매기소리·벼베기소리·타작소리로 구분되며, 농사의 순서대로라고 할 수 있다. 그 중에서도 학산리는 가장 뚜렷이 전승되고 있으며 굳이 분류하자면 냇골 오독떼기에 속한다고 한다. 〈조선왕조실록〉에는 동해안 일대를 돌아보던 세조가 오독떼기를 잘하는 사람을 뽑아 노래시키고 상을 주었다는 기록도 있다. 노래를 다섯 번 꺾어서 부르기 때문이라는 설, 동서남북과 중앙의 오독을 떼기(開拓)한다는 뜻에서 왔다는 설(요즈음도 밭떼기, 논떼기라는 말이 있음), '오'는 일본어에 흔적이 남아 있듯 신성하고 고귀하다는 뜻이고 '독떼기'는 들판을 개간한다는 뜻이라는 설, 신라 때 화랑도가 강릉지방을 순역(巡歷)할 때 부르던 노래의 곡조만 전해진다는 설 등이 있다. 그러나 이제 농사하는 방법이 완전히 바뀌어 모내기에서부터 수확하고 탈곡하는 것까지 모두 콤바인 등 기계가 사람을 대신하고 있는 현실에서 예전의 그 리듬을 찾기는 어려운 것이 현실이고 구체적으로 말하면 전승을 위한 전승이 되고 있는 것이 현실적 상황이다. 생활 리듬이 달라지고 농사방법이 달라진 현실에서 오독떼기는 그저 일종의 공연 문화로 남아 예전 모습을 무대 위에서 지키고 있을 뿐이다.

〈테라로사 커피 본점 내부 풍경〉

이 마을은 전국적인 파워를 가진 커피 브랜드 테라로사 본사가 있는 곳이기도 하다. 이 회사는 1997년 IMF 외환위기 당시 해체된 조흥은행 강릉지점에 근무하다 본의 아니게 퇴직한 김용덕이란 분이 조그맣게 차린 카페에서 시작되었다. 이 곳은 원래 이 마을 출신인 황석명 변호사가 일찍이 인가가 드물던 마을 상류 개울가의 모래땅을 사서 밤나무 단지를 조성했던 곳의 일부로 그 분 사후 일부는 보이스카웃 야영장으로 사용하기도 하던 곳이다. 그 위쪽 독바우라 하여 단지 모양의 바위가 있고 우리 할아버지들의 선영(先塋)이 있던 곳인데 고속도로가 지나가면서 묘들이 이전하고 인근의 땅 일부를 김대표가 매입하여 두었던 곳이라고 한다. Terarosa 란 이름은 아마 Terra Rosa란 말에서 딴 듯하다. terra는 땅이고 rosa는 붉은 장미이니 원래 테라로사란 커피나무가 잘 자라는 붉은 화산토가 섞인 토질을 말하는 지질학 용어인데 이 분은 그런 일반 명사에서 r자를 하나 떼어내고 terarosa라 하여 자기만의 상호로 삼은 것으로 보인다.

지금은 강릉제일고등학교로 이름이 바뀐 강릉상업고등학교를 나온 이 분은 남다른 집념으로 고급 스페셜 커피쪽의 공부에 매진하고 노력하여 현재는 한국 고유 브랜드로서 최고의 위치를 점하는 업체를 창립하였다. 문자 그대로 시작은 미미했으나 끝은 창대하게 된 테라로사는 품질 유지를 위해 프랜차이즈를 하지 않고 모두 직영을 하고 있다고 한다. 모든 직영점은 이 곳 학산 본사에서 사관학교처럼 엄격하게 커피 로스팅 및 제과제빵 교육을 받은 바리스타 자격을 갖춘 직원들이 운영하는 것으로 알고 있다. 필자가 아는 곳만해도 강릉 초당동, 서울 광화문, 국립 현대미술관, 예술의 전당, 부산광역시, 제주시 쇠소깍, 양평 북한강변, 포항공대 등등에 직영점을 두고 있으며 각 지점은 특이한 인테리어와 특별한 스페셜 커피로 각 지역의 명소로 거듭나고 있다고 한다. 미국 시애틀의 한 작은 가게에서 시작한 Starbucks 커피가 전세계를 호령하고 있듯 테라로사도 전문 파트너사와 협력하여 글로벌 브랜드를 향해 나아가는 것으로 알고 있다. 프랑스 파리 루브르박물관 옆에 글로벌 1호점을 낸다고 하니 제2의 스타벅스가 되기를 기원하는 마음과 함께 고향 마을에서 생긴 브랜드가 커져가는 모습을 바라보며 은근한 자부심이 생기기도 한다.

연곡면 영진 언덕에서 시작한 박이추선생의 보헤미안 커피숍과 함께 이 테라로사는 강릉을 커피의 도시로 만든 1등 공로자이다. 강릉의 커피라 해 보았자 원래는 실연(失戀) 당한 청춘 남녀가 안목 해변의 자판기에서 5백원짜리 헤이즐넛 커피 한 잔 뽑아 들고 하염없이 바다를 바라보며 청승 떨다 올라가는 곳으로 안목해변이 조금 유명했을 뿐이었다. 그 뒤 박이추선생이 내려와서 보헤미안이란 가게를 열고 핸드드립 커피로 스페셜 커피의 맛을 시민들에게 알렸다. 그저 그런 커피로 카페를 운영하던 사람들과 핸드드립 커피맛에 매혹된 사람들이 박이추선생을 찾아가 커피에 관해 배우게 되고 그렇게 양성된 바리스타들이 다시 강사로 나서 제자를 양성하면서 커피의 저변이 넓어지기 시작했다. 그 후 김용덕 사장이 테라로사를 통해 고급커피의 대중화와 사업화에 성공하면서 강릉의 커피는 전국적인 유명세를 얻게 되었다. 강릉시에서도 커피 축제를 개최함으로써 강릉을 전국 최고의 커피 도시로 만들어 낸 것이다.

테라로사가 있는 학산마을은 하루에도 수 백 명의 방문객이 찾아와서 조용했던 시골 마을이 사람들로 북적인다. 방문자들은 스스로를 커피 순례자라고 부르며 테라로사에서 로스팅한 커피를 음미하고 있고, 전국 곳곳의 카페에서는 이 곳에서 로스팅한 커피원두를 택배로 받아 커피를 만들어 영업하고 있다. 이런 앞서 가는 업체가 있기 때문에 강릉의 커피는 점차 진화하고 있고 강릉 곳곳에는 커피를 지지고 볶고 연구하는 곳이 많이 생기게 되었다. 그 중에서 검은 들깨를 이용한 흑임자 커피를 비롯하여 옥수수 커피, 감자 커피, 후추커피 등등은 이미 독특한 맛과 향으로 카페 앞에 장사진을 이루고 있다. 게다가 커피향을 첨가해 커피 원두 모양으로 빚은 강릉 커피빵도 서울로 올라가는 귀경길에 한 봉지씩 사가는 특산품이 되고 있다. 이제는 아예 가게를 열지 않고 커피 생두를 독특한 강릉스타일로 로스팅한 원두를 전국 커피가게에 택배하여 먹고사는 업체들도 우후죽순 생겨났으니 성산면 구산리의 동진무역이 그 대표적 업체라고 할 것이다.

 필자가 가장 고무적으로 보는 것은 모두가 서울로 서울로 직장을 찾아 떠나가는 현실에서 비록 관광객들을 대상으로 한 것이기는 하지만 커피를 연구하고 커피 첨가물을 생각하는 것에서 한발 더 나아가 새로운 음식 특이한 메뉴를 개발하여 SNS 맛집 등으로 알려지며 이 시골도시에서도 자력 경제로 살아갈 수 있다는 사실을 보여주고 있는 작은 가게들이 수없이 생기고 있다는 사실이다. 강릉만 하여도 중앙시장 월화거리를 비롯하여 교동짬뽕, 버드나무 수제맥주, 테라로사 보헤미안 커피, 엄지네 꼬막, 초당의 순두부집들, 곳곳의 감자 옹심이집과 장칼국수집 등이 엄청난 흡인력으로 손님들을 모으고 있고 그렇게 줄지어 모여든 손님들은 그 인근의 작은 가게도 눈여겨 보게 되기 마련이다. 자기만의 독특한 인테리어를 갖추고 있는 카페나 특이한 소품을 갖춘 선물 가게 등이 해변 관광지나 원도심 지역에 생겨나 영업을 하고 있는 것이다. 그런 과정을 통해 주력 업체 옆에 청년 창업 가게들도 하나 하나 자립해 나가는 것을 보게 되는 일이 매우 즐겁다. 더구나 그들이 수도권 지역에서 벗어나 강릉으로 이주해 와 지속적으로 생계를 유지하며 삶의 여유를 함께 할 수 있게 된다면 더 바랄 것이 없을 것이다. 청년들은 모두 일자리를 찾아 서울이나 대도시로 떠나고 노령인구만 남아 있는 지방 소도시가 이런 청년들의 이주로 활기를 다시 찾고 아이들의 웃음소리가 들리는 골목으로 변한다면 더 바랄 것이 무엇이겠는가. 그런 점에서 테라로사 등의 주축 업체들이 더 중요하다는 것이다.

④ 제비리와 산북리

　제비리와 산북리는 구정면의 서쪽에 해당하는 지역이다. 제비리는 회산의 북쪽에 연이어진 골짝으로 산북리와의 경계지점인 버들고개까지 이어지는 한 골짝으로 된 마을이다. 여찬리와 회산동과의 경계지점은 예전엔 개화대라고 부르던 지역이다. 요즘은 여기가 개발되면서 개화대 바로 아래에서 제비리로 가는 길 외에 남밭으로 가는 큰길이 생겨 남대천을 가로지르는 다리로 금산 윗동네로 이어지는 길이 생겼다. 그리고 제비리 가는 길 입구에는 여찬리 약국동네인 자조아리와 연결되는 정등로라는 가로지르는 길이 있다. 그 사잇길 옆에는 제비연 마을이라는 택지가 개발되어 많은 사람들이 입주하여 살고 있기도 하다. 회산동에 아파트단지가 들어서기 이전부터 이 개화대 아래 길이 갈라지는 삼각지 지점엔 몇 몇 음식점들이 분포하고 있었다. 스페인음식점 카페 등이 이 도로 교차지점 인근에 자리잡고 있다. 새로 생긴 남밭가는 길이 오히려 주(主)도로처럼 넓다. 새로 생긴 동해고속도로 구정휴게소 옆의 화물터미널 때문에 생긴 도로이나 활용도가 그리 높지는 않은 편이다. 남밭은 칠봉산 바로 아랫자락으로 굽이치는 남대천이 부딪혀 금산 버덩으로 영양물질을 토해놓는 지점이기 때문에 급경사를 이루어 종전에는 사람들의 접근이 매우 어려웠지만 새길이 생긴 후 요즘은 칠봉산 등산을 하는 사람들이 이용하는 등산로 입구이기도 하다. 남밭이란 마을 이름은 사실은 남:밭이라고 남 자(字)를 길게 발음해야 한다. 그 이유는 남밭이 남(南)밭이 아니라 남은(여 餘) 밭이란 뜻이기 때문이다. 원래 제비리와 성산면 금산리의 경계지점인 남대천 절벽 위에 위치하다 보니 주민들이 임자없는 땅을 나누어가지고 남은 밭이란 뜻인지, 강물에 파여 나가고 남은 밭이란 뜻인지, 숨어 있어 세금 안내는 여유로운 밭이란 뜻인지는 확실하게 모르겠다. 어찌 되었던 잊혀지고 숨어있던 이 남밭에 도로가 생기면서 도로 양편에는 속속 대형 음식점들이 들어서고 있다. 한우백화점을 비롯하여 장칼국수집 막국수집 그리고 나인이라는 카페도 여전교(餘田橋) 옆 키큰 소나무 숲 속에 자리하고 있다.

〈능가사 법관스님과 그림〉

그 아래에는 능가사라는 작은 절이 있는데 이 절의 법관(法觀)이란 스님은 타고난 예술적 재능이 있어 학교교육을 전혀 받지 않았음에도 불구하고 가장 현대적인 회화로 분류되는 단색화(單色畵)의 대가가 되셨다. 스님 자신은 선(禪) 수행의 방법으로 선(線)을 긋는다고 하시지만 무수한 점(點)과 선(線)과 면(面)으로 이루어진 그의 그림에는 감히 범접할 수 없는 수행의 내공이 느껴진다. 능가사 절간 옆에 자그마한 전시공간이 마련되어 있으니 혹 관심있는 분은 들러 스님과 차 한 잔을 마시면서 단색화의 아름다움을 느끼시길 바란다.

〈법관스님 단색화〉

　회산동 위의 세 갈래 중 원래 가장 중심인 길은 제비골로 올라가는 길이었다. 그 입구 시작 지점에는 개화대라는 작은 마을이 있다. 이 곳에는 포은 정몽주를 기리는 화동(華東)서원이란 서원도 있는데 박정희 대통령이 충정사(忠正祠)란 현판을 사액하기도 했다. 개화대라는 이름은 아마도 근세 개화기 천주교 유입시기에 이 마을에 천주교가 도입된 것에서 생긴 말로 짐작된다. 그 사람들은 일부는 금광리쪽으로 이주하고 일부는 여찬리 자조아리 아래 내곡동 끝자락 두껍바위 위쪽에 자리잡고 천주교 종교활동을 하며 동시에 옹기굽는 작업도 했다. 그래서 예전에는 이 마을을 옹구점이라고 불렀으며 일요일이 되면 마을사람들 전체가 흙일하던 작업복을 벗고 좋은 외출복으로 갈아 입고 옆구리에 성경을 낀 채 임당동 성당으로 가곤 했다. 그런 연유인지 개화대 뒷산쪽에는 기독교 계열의 대안학교인 예닮글로벌학교가 지금도 자리잡고 있으며 그 앞에는 제비연마을이라는 신규 택지가 자리잡고 있다. 그 위에는 강원예술고등학교가 있다. 강원특별자치도내의 예술적 자질을 가진 청소년들이 음악 미술 무용 등의 예술적 능력을 가꾸는 곳이니 시골마을 제비리를 널리 알리는 제비리의 랜드마크 구실을 하고 있는 셈이다.

개화대의 윗마을은 어릴 때 '우태산'이라 불렀는데 가만히 생각해 보면 회산 위의 마을이니 '윗 회산'인데 문자 속이 약한 우리가 그렇게 불렀던 것 같다. 그네의 한자어인 추천(鞦韆)이란 단어를 몰라 그네를 탈 때 '춘천이요'라고 외친 이야기는 앞에서 했지만 그런 단어가 또 있었으니 바로 변소 혹은 화장실의 분뇨저장고를 '애삐통'이라고 불렀던 기억도 있다. 어린 시절 우리집 화장실은 이웃의 다른 집들처럼 시멘트로 네모난 반지하시설을 만든 뒤 그 위에 지붕과 벽을 만든 뒤 시멘트 위에 긴 널빤지를 촘촘하게 깔고 한 군데를 네모나게 잘라내고 그 구멍에 맞추어 용변을 보는 시스템이었다. 당시에는 분뇨저장탱크에 아이들이 혹 빠지기도 하면 '애삐통에 빠졌다'고 놀리기도 하고 떡을 해 먹기도 하였다. 나중에 생각해 보니 애삐통은 '액체(液體)로 된 비료(肥料)'를 줄여 '액비(液肥)'라고 해 그 통을 액비통이라 하여야 하는데 한자어를 모르니 그렇게 불렀던 것이었다. 화학비료가 없던 시절에 푹 삭은 똥오줌이야말로 가장 효과 좋은 액비(液肥)였을 것이다.

구정면에서 가장 먼저 폐교된 초등학교가 바로 제비리의 윗 회산에 있던 제비초등학교였다. 학구(學區)가 제비리와 산북리였는데 산북리와 성산면 구산리 사이에 숙원사업이었던 다리가 놓여지면서 산북리 학생들은 다리 하나 건너 코 앞인 성산초등학교로 가길 원했고 그러다보니 제비초등학교는 취학생수 부족으로 폐교가 된 것이었다. 폐교된 학교에 강릉의 뜻있는 젊은 미술가들이 공동으로 임대를 하여 학교를 작업장 겸 전시장으로 사용하기도 하였다. 이 학교가 자리잡고 있던 산은 일곱 개의 골짜기가 선명한 칠봉산(七峯山)으로 강릉 사람들은 이 산에 서기(瑞氣)가 어려있다고 여기고 있으며 가장 가까운 산행(山行) 코스로 많이 이용되고 있다. 조선 명종(明宗) 때 서장관으로 명나라에 갔다가 공자(孔子)님의 존영을 모시고 와 성산면 오봉리에 오봉(五峯)서원을 세워 지금까지 명맥을 잇게 한 함헌(咸軒, 1508~?)이란 학자도 이 산에서 호를 따 칠봉(七峯)이라 하셨다.

    제비골의 끝자락인 버들고개는 산북리와 제비리의 경계지점이면서 그 옆의 구정리의 솔향수목원과도 가깝다. 산북리는 남대천을 기준으로 면(面)의 경계가 나누어지던 시절에는 구정면에 속했으나 성산면 구산리와의 사이에 다리가 생기면서 생활권이 그 쪽으로 변하면서 성산면에 편입된 지역이다. 늘 적자(赤字)인 시내버스는 이 버들고개를 감돌아 산북리 한 가운데서 종점을 맞이한다. 버들고개 옆 산북리 버스종점 아래의 강릉 함씨(咸氏) 종가집으로 시집간 고모가 있었다. 어린 시절 나는 우리 아버지의 바로 위의 누나인 그 고모를 '산두아재' 라 불렀다. 고모의 아들인 고종형님은 60년대 당시 산북리에서 걸어서 강릉농고를 다녔는데 학교에 가는 날보다 안 가는 날이 더 많은 '땡땡이꾼' 이었다. 이젠 고인이 된 그 형님은 학교가는 길에 구정리쪽으로 지나가다가 밭에서 일하는 작은 외삼촌들을 만나 담배 피우는 것도 배웠고 술 먹는 것도 배우는 등 인생 전반을 익혔다고 너털웃음을 짓기도 했었다. 나는 초등학교 들어가기 전부터 늘 가을

이 깊어지면 어머니와 큰누나와 손잡고 버들고개를 넘어 산두아재네 집을 다녀오곤 했다. 그것은 감을 깎는 작업을 하는 여인들을 따라간 행보였다. 사실 우리집 옆에 있던 큰댁에는 나이든 감나무가 엄청나게 많았다. 심지어는 우리집 돌담 사이에도 감나무가 많았는데 소유자는 큰댁이었다. 당시 할아버지로부터 많은 전답과 커다란 집을 상속받은 큰아버지는 도회지 나들이가 잦은 소위 '출입꾼'이자 '오입꾼'이셨다고 한다. 그래서 장기 외출했다 돌아오면 자주 부부싸움을 했고 그 때마다 큰어머니가 우리집으로 피신오셔서 엄마와 목소리를 낮추며 남편 흉을 보곤 했었다. 약주를 하신 큰아버지가 담밖에서 '이 놈의 여편네 안 나와' 소리 지르곤 하셨다. 어려서부터 한학(漢學)을 하셨다는 백부(伯父)가 바깥 세상에 나가 무슨 사업을 했는지는 잘 모르겠다. '사업은 무슨, 출세한 사촌들 찾아 다니며 용돈이나 잔뜩 뜯어 내겠지...' 이건 우리 아버지의 혼잣말이었다. 나는 그 때 큰아버지가 사용하던 향수병으로 만든 등잔(燈盞)이 책상 위에서 떨어져도 안 깨질만큼 튼튼했던 좋은 기억만 남아 있다. 당시의 풍습이 장자(長子) 상속이 원칙이라 죽어라 일만하고 받은 재산은 없었던 우리 아버지는 큰아버지가 논밭을 처분한 돈으로 멋을 부리고 나들이하는 것을 영 마뜩찮게 여겼고 그러다보니 친형제간에 별로 대화가 없는 불편한 관계였던 것 같다. 논밭을 다 처분한 큰아버지가 마침내 조상들 묘가 있는 선산마저 손대려고 하자 우리 아버지는 다른 작은집들과 상의하여 그 등기부상의 소유자를 연명(聯名)으로 바꾸었고 그 사실을 알게 된 큰아버지는 나름 친동생의 배신감에 화가 났을 것이고 그래서 제사나 성묘 생일 안택 등 공식적 행사 외에는 별로 대화가 없었던 것 같다. 그러다보니 큰댁을 놓아두고 우리집 여자들은 감을 깎으러 먼 산북리 고모집으로 갔을 것이고 아마 밤새도록 동철 따배 등의 감을 깎으며 서로 누군가의 뒷담화를 즐겼을 것이다. 앞에 커다란 보자기를 놓고 칼을 들고 감을 빙글빙글 돌리며 깎고 나면 고모부는 가느다란 싸리나무에 감을 열 개씩 꿰어 양쪽 끝을 꽃 모양으로 마무리하여 새끼줄에 나란히 주렁주렁 걸었다. 당시 싸리나무 끝을 꽃모양으로 마감하는 것을 '국화를 일군다'고 했다. 10개씩 꽂았던 감은 찬바람을 맞으며 마르게 되고 하얀 분(粉)이 날 때쯤 위아래로 다섯 줄씩 갈무리 하여 묶어내니 그걸 곶감 한 접이라고 했다. 상대적으로 좀 컸던 동철은 나무가지를 조금 남겨 두고 그걸 새끼줄에 꿰어 처마 밑 등에 줄루리 걸어 말린 뒤 분(粉)이 날 때쯤 납작하게 모양을 만들어 100개를 묶어 팔았으니 그렇게 말린 감은 준시(蹲柿)라 하여 좀 더 비싼 값을 받았다. 밤새도록 두런두런 감을 깎는 동안 어린 나는 어머니 무릎 아래서 잠이 들기 마련이었고 새벽녘에 훤해질 때쯤이 되면 어머니가 나를 깨워 '이제 집에 가자'고 했다. 그럴 때 쯤 어머니와 큰누나의 머리에는 감껍질을 담은 큰 보퉁이가 하나씩 얹어 있었는데 어떤 때는 작은 보퉁이를 내가 들기도 했다. 아마도 당시는 감을 깎아주면 임금 대신 감껍질을 갖는 시스템이었던 것이었기 때문이었을 것이다. 그렇게 깎은 뒤 받아온 감껍질은 마당에 멍석을 깔고 청량한 가을 볕에 고추마냥 말린 뒤 겨우내 사용했다. 처자식들이 멀리까지 가서 감을 깎는 것이 안쓰러웠던지 아버지는 집 앞 안산재에 밭을 마련한 뒤 밭둑에 빼빼하게 감나무를 심으셨었다. 어릴 때 나는 찹쌀을 섞어 쪄낸 뭉쉥이를 특히 좋아했는데 어머니가 시루를 놓고 뭉쉥이를 쪄 낼 때 이렇게 얻어온 감껍질은 어머니 표현대로 무언가 '들쩍지근한 것이 부족하던' 시절에 강낭콩 등과 함께 떡맛을 돋구는 역할을 톡톡히 했다. 그럴 때 어머니는 시루 중심의 밑에 생기는 촉촉한 덩어리를 다른 형제들을 제쳐 두고 나에게 건네곤 하였다. 그걸 먹으면 공부 잘한다는 미신 때문이라는 것을 나중에 알고 많이 미안했다.

⑤ 어단리와 금광리

　구정면에는 커다란 세 개의 산이 뒤를 막아주고 있다. 풍수지리상 진산(鎭山)이라고 부르기는 좀 그렇지만 그래도 북쪽의 찬 바람을 막아주고 땔감 등 여러 가지 생존에 필요한 자원을 공급해 주는 산들이 있다. 매봉산은 구정리와 여찬리의 뒷산이 되어주고, 칠성산은 학산리와 어단리 금광리의 뒤를 막아 준다. 제비리와 덕현리는 백두대간의 남북 방향과는 달리 백두대간에서 바다쪽으로 동서 방향으로 뻗은 일종의 지맥(支脈)인 칠봉산과 덕고개를 옆구리에 끼고 있는 셈이다.

　칠성산은 거대한 선상지 지형을 앞에 품고 있는데 강물이 그 양쪽으로 흘러 산을 쳐다보면 오른쪽으로는 법왕사계곡에서 나와 칠성저수지를 거쳐 학산천이고 왼쪽으로는 칠성산 옆 자락과 동막골 저수지에서 흘러온 어단천이 흐른다. 그러다보니 개울이 흐르는 지점은 당연하게도 땅이 파여 나가고 지대가 낮아지게 마련이다. 그래서 보통 상대적으로 높은 지점을 표준말로는 둔치라고 하는데 우리 시골에서는 둔지라고 했고 그 중 조금 더 높은 곳은 둔덕이라고 했다. 높이 순서대로 말하면 둔지 < 둔덕 < 언덕의 순서가 될 것이다.
어단리는 바로 칠성산 앞의 둔지지역에 펼쳐진 마을이다. 지리학 용어로는 선상지(扇狀地)라고 부르는 것이 옳을 것이다. 무너진 산 바로 아래 선상지의 밑에는 주로 바위나 자갈 등 무거운 것들이 먼저 퇴적되기 때문에 물 빠짐은 좋은 반면 물 가둠은 어렵다. 즉 물을 많이 필요로 하는 논 등의 미작(米作)은 힘들고 과수원이나 목축(牧畜) 혹은 노력하면 밭작물은 겨우 재배가 가능한 토양이라는 말이다. 그래서 예전 어단리는 넓은 과수원이 많았다. 그것은 5-60년대 외부 이주민들이 들어와 잔솔밭을 개간하여 밭농사를 지은 학산3리와 비숫한 환경이었다.

　필자가 초등학교를 다니던 60년대에는 절대 빈곤의 보릿고개가 일상화된 시절이었던지라 미국 등에서 보내주는 구호물자에 영양을 의존하는 경우가 많았다. 쌀은 너무 귀하다보니 쌀 사용을 억제하기 위해 도시락 검사도 하여 나처럼 쌀밥 도시락을 싸온 사람은 교실 뒤로 가 벌을 서기도 했고 보리쌀이 많이 섞인 도시락을 싸온 친구들은 칭찬을 듣기도 했다. "꼬꼬댁 꼭꼭 먼동이 튼다 / 복남이네 집에서 아침을 먹네 / 옹기종기 모여앉아 꽁당 보리밥 / 꿀맛보다 더 맛좋은 꽁당 보리밥" 그런 노래를 선생님이 가르쳐 준 것도 그 무렵이었다. 임당동 천주교 성당에서 딱딱한 전지분유를 나누어주고, 홍제동 갈바리병원에서 미제 약을 타려는 환자들이 Open Run을 하던 그 시절, 시골학교에도 미국 원조물자의 은혜가 도착했으니 그것은 바로 악수표 옥수수가루였다. PL 480호 구호물자라고도 불렀는데 PL480은 Public Law라는 미국 공법 480호에 의해 빈곤국으로 분류되었던 한국에 잉여농산물을 무상지원하는 것이었을 것이다. 밀가루나 옥수수가루 포대에 옷소매에 성조기와 태극기가 그려진 두 개의 손이 악수하는 그림이 있어 어린 우리는 그것을 악수표라고 불렀다. 바지런한 아버지 덕분에 밥 굶을 걱정은 안했던 우리집에서도 악수표 밀가루가 탐이 났는지 어느 날은 누나가 밀가루 주는 공사에 신청을 했었다. 누나가 어린 나도 같이 가자고 하여 세숫대야와 호미를 들고 따라 나선 곳은 현재의 내곡동 현대아파트 앞쯤 되는 곳이었다. 그곳에는 새로 제방을 쌓고 있었고 제방석축 뒤의 빈 곳을 메우는 일이 우리에게 배당된 일이었다. 그런 일을 '하꼬떼기'라 했는데 우물 정(井) 자 모양의 밑이 없는 네모난 나무박스(이걸 하꾸 혹은 하꼬라 했다)를 놓고 그 안에 자갈과 모래등을 가득 채우면 관리하는 사람이 와서 그걸 덜렁 들어 다른 데로 옮겨 놓으면서 표딱지를 하나 주었다. 다시 옮긴 곳을 채우면 또 덜렁들고 표딱지 하나를 주었으니 그 표딱지 몇 개를 모아 농협창고로 가면 악수표 밀가루를 한 포씩 주었다. 그 날 누나는 밀가루 한 포대를 머리에 이고 집으로 돌아왔고 옆에서 별 한 일도 없이 장난만 쳤었던 나도 덩달아 의기양양했던 기억도 난다.

이런 개인 경험을 장황하게 얘기하는 이유는 학교에 지원된 악수표 옥수수가루를 교장관사 처마 아래 쌓아 놓고 그 앞에 커다란 무쇠솥을 걸고 교장 사모님과 이웃 아줌마들이 옥수수 죽을 쑤어 학생들에게 나누어주었다는 이야기를 하기 위한 것이다. 당시에는 보리밥조차 도시락으로 싸올 형편이 안되는 친구들도 많았으니 담임선생님들이 호구조사를 해서 요즘 말로하면 선별적 복지제도를 시행해 더 가난한 아이들에게 죽을 주었다. 나는 죽을 받아 먹을 정도로 가난한 수준은 아니라고 수혜 대상에서 빠졌던 고로 쌀밥 도시락을 다른 아이들이 받아온 옥수수죽과 바꿔 먹곤 했다. 착한 어린이여서가 아니라 밍밍한 쌀밥보다는 달짝지근한 옥수수죽이 더 맛있어 보였기 때문이었을 것이다. 그 때 나와 바꿔 먹었던 아이들이 주로 당시 개척대라고 불렀던 학산3리 광명마을 아이들이었다. 그들은 양반 자랑하던 학산 1, 2리 아이들과는 달리 외지에서 이주해 온 집안의 아이들이었고 대개는 잔솔밭 틈새를 개간한 작은 밭뙈기를 갖고 있거나 과수원에서 잡일을 하는 집안이다보니 당시에는 사는 것이 매우 고단했던 것이었다. 그런 빈부 격차는 구정리 본동 아이들과 청파농장 아이들도 그랬고 학산 본동과 개척대 아이들 사이에도 그랬다. 당시의 양반 후손을 자처하던 동네 어르신들은 그 이주민들을 '각성(各姓)바지 잡 것'들이라고 칭했으니, 요즘 말로 하면 전쟁을 피해 조국을 떠난 난민(難民)들의 입국을 거부하는 보수(保守)의 본령이라 하겠다. 구정면의 경우 구정초등학교에 취학했던 구정리 여찬리 학산리가 그런 동네로 나름 꼴값들을 했고, 반면에 제비초등학교를 다닌 제비리 산북리 사람들과 금광초등학교를 다닌 금광리 어단리 덕현리 사람들은 그런 그들을 눈꼴 사납게 바라보곤 했었다.

  금광리는 원래 돌이 없는 흙만의 땅으로 된 마을인데다 앞 개울이 흘러 오랜 시간 땅이 파여 나가 덕현리와 경계를 이루는 마을이다. 금광(金光)이란 마을 이름은 살짝 미화한 냄새가 나는 이름으로 원래는 금광초등학교 앞 개울에 용금정(湧金井)이라는 콸콸 솟는 샘이 있어 그곳을 '굼겡이'라고 한데서 유래한 이름이다. 지리적으로 말하면 칠성산의 냇물이 선상지 아래를 복류(伏流)하다가 그 쯤에서 솟아오르는 곳으로 제주도 중산간이나 해변쪽에 그런 용천(湧泉)이 많은 것과 같은 이치일 것이다. 어찌되었던 개척 시기에 이 물은 마을의 생명수였을 것이고 자연히 마을 중심이 되었을 것이고 마을 이름으로 되었을 것이다. 국어학적으로 구멍의 고어(古語)는 '구무(혈 穴)'로 이 단어는 조사가 붙을 때 'ㄱ' 자가 나타나 흔히 곡용(曲用)하는 현상이 나타나는 단어이다. '나모(목木)'가 '남게' '남글' 등이 되는 것처럼 구무도 '굼게' '굼글' 등으로 활용되니 '굼겡이'는 아마도 우물의 고어(古語)로 보면 될 것이다. 하긴 '우물'도 낮게 파인 '움'과 깊게 뚫린 '굴'이 합쳐져 '움굴'이 되었다가 ㄱ음운이 탈락하고 우물이 된 단어이긴 하다.
  금광리는 어단리와 마찬가지로 넓은 선상지 벌판이긴 했으나 하류쪽에 위치하기 때문에 논밭이 비교적 많은 동네였다. 그 아래 마을인 박월리가 주로 논으로 이루어진데 비하면 비율은 적었지만 제법 논도 있는 마을이었다. 근대 이후 이 마을에는 박해를 피해 들어온 천주교도들이 근근히 살아가던 마을이었다. 지금도 금광리에는 공소(公所)라고 부르는 초기 천주교의 집회장소가 남아 있다.

〈금광리 공소 외부와 내부〉

이 곳에는 다음과 같은 연혁이 돌에 새겨져 있다.

『이 곳은 병인년(1886년)에 대원군이 9명의 선교사 외 수 천 명의 교우들을 처형하면서부터 1873년 대원군이 물러나기까지 온갖 박해와 탄압을 받던 시기에 교난을 피해 서울, 경기도, 경상도 등지에서 피난온 신자들이 교우촌을 형성. 1887년에 금광리 공소가 건립되어 영동지역에 복음이 최초로 전파된 곳이다.
 -. 금광리 공소 당시 신자수 : 100명
 -. 조선교구장 뮈델주교 방문 : 1900년 11월 23일
 -. 금광리 공소 본당 건립 : 1921년 12월 2일
 -. 최초 이철연(방지거) 신부 부임 : 1921년 12월 2일』
등의 내용이 기록되어 있어 천주교 성지가 되고 있다.

공소 조금 아래의 금광초등학교는 아기자기한 교정에 강릉지방에서 가장 오래된 벚나무들이 남아 있어 봄이 꽃필 때 쯤에는 아예 꽃동네를 이루곤 한다.

어단리는 어단(於丹)이라 쓰긴 하지만 그것은 일제 강점기 이후의 표기이고 그 전에는 아마도 어단(御壇)이라 썼을 것이다. 앞에서 학산마을을 이야기하면서 왕고개 장안재 등이 고려 왕조에 대한 시대착오적(?)인 충직함을 나타낸 표현이라고 했는데 이 어단(御壇)이란 지명이 그 결정판이 될 것이다. 강릉에만 전해져 오는 이야기와 그 기록에 의하면 고려 조선 정권교체 초기에 최문한(崔文漢), 김충한(金沖漢), 이장밀(李長密), 김경(金經) 등이 이 마을에 고려 우왕의 위패를 모신 어단(御壇)을 쌓아 놓고 고려에 대한 충절을 지키며 조선 조정에서는 벼슬살이 하지 않겠다는 불사이군(不事二君)의 결의를 다졌다고 한다. 그 후 조선조가 자리잡으면서 어단은 해체되고 다만 그들의 선비정신을 가상히 여겨 추방하자 그들이 다시 언별리 깊은 골로 들어가 그 곳을 단경(壇京)이라 부르며 충의를 지켰다는 얘기, 그 후에 거기에 송담서원(松潭書院)이 들어섰다는 이야기도 잘 알려져 있다.

⑥ 덕현리와 언별리

　내곡동에서 여찬리를 거쳐 학산으로 넘어가는 범일로라는 구정면을 순환하는 길은 학산2리에서, 강남동에서 남강릉 JC를 잇는 칠성로와 만난 뒤, 금광리의 금강레미콘 공장 앞에서, 금광천을 따라 올라오는 금평로란 길과 만나면서 끝난다. 이 금광리 삼거리에서 금광초등학교 방면으로 조금 올라가다보면 덕고개길이 나타난다. 이 금광리와 덕현리 사이의 벌판은 원래 2018 평창동계올림픽을 기하여 개통된 서울 강릉간 KTX 열차의 종착역으로 예정되어 개발이 제한되었던 지역이었다. 그러나 옥천동 주민들을 중심으로 구(舊) 역사(驛舍)를 살리자는 운동을 벌이기 시작했다. 그러나 그 전제 조건은 강릉시내를 관통하는 열차가 지하화해야 한다는 비용이 많이 발생하는 조건을 달고 있는 민원사항이었다. 다행스럽게도 정부가 결단을 내려 기존의 강릉역을 그대로 사용하는 안(案)이 채택되었고 당연히 철도는 지하로 건설되었고 그 결과 지상의 철도부지가 월화거리라는 멋진 도보(徒步)로 걷는 상가(商街)가 되었다는 것은 앞에서 이야기했다. 그러나 그렇게 하여 잊혀지고 버려진 곳이 바로 이 금광리와 덕현리 사이의 개발예정지구였다. 몇 몇 눈 밝고 귀 밝은 부자들이 이 곳에 대규모로 땅을 사들였다는 흉흉한 소문이 들리는 가운데 이 곳은 그 후 주민들에게는 아무 쓸모짝도 없는 한국철도공사 차량사업소가 자리잡고 말았다.

　덕고개는 덕현리와 금광리 박월리와의 사이에 바다쪽을 향해 길게 뻗은 얕은 언덕의 위쪽에 있는 유일한 마을 입구를 가리키는 명칭이다. 덕현(德峴)이라 한자로 쓰지만 덕(德) 자는 인품과는 아무 관계없이 '언덕'을 음차해 전국적으로 사용되는 지명이고 고개는 한자어로 훈차해 현(峴)이라 하여 마을 이름을 지은 것이다. 그래서 이 마을은 덕고개라는 긴 언덕 아래 숨어있는 작은 개울을 끼고 한 일자로 좁게 형성된 마을로 은둔하기 좋은 형국이다. 앞에서 이야기한 대로 쫓겨온 천주교도들이 세운 공소가 금광리에 있었는데 그들은 어단리쪽에서도 옹기를 구웠지만 이 덕현리 아랫마을 뉘일이라는 곳에서도 옹기(甕器)를 구워 생계를 유지했다고 한다. 지금은 그 흔적을 살려 '옹기종기 마을'이라 구호를 달고 사람들을 부르기도 한다. 마을의 공동화를 막기 위해 마을회관을 중심으로 여러 행사를 열기도 하지만, 골짜기를 따라 길게 늘어선 마을이다 보니 농토가 상대적으로 부족하여 주민 수는 많지 않다. 그러나 예로부터 윗마을에는 강릉 박(朴)씨들이 아랫마을에는 강릉 김(金)씨들이 행세깨나 하면서 살았다. 그들은 모두 덕고개를 넘어 금광초등학교를 다녔다. 이 마을의 끝자락은 언별리 가는 길과 통하는데 요즘은 동해시 방면에서 오는 차들이 강동면 사무소 앞에서 우회하여 이 마을 길을 통과해 남강릉 IC로 들어가는 경우도 많다.

언별리는 요즘은 강동면으로 행정구역 개편이 되었지만 원래는 구정면에 속해 있던 마을이다. 1980년대부터 강동면 소속이 되었는데 구정면 사람으로 조금 섭섭한 면이 있긴 하지만 도로 사정과 생활구역의 변경으로 인한 재조정이기 때문에 어쩔 수 없는 일이었고 마을 주민들이 원하는 일이기도 했다. 산북리의 경우 구산리 사이에 다리가 없던 시절에는 제비리나 구정리를 통과하여 회산동이나 내곡동쪽으로 강릉시내를 출입했으나 성산면 구산리와의 사이에 다리가 생기면서 성산면쪽으로 다니게 되면서 생활구역이 바뀐 것이고 언별리의 경우에도 주로 버스를 이용하여 강릉 시내를 출입하는 쪽으로 여건이 바뀌면서 강동면으로 편입된 것이다.

사실 언별리는 그 뒷산의 만덕봉에서 흘러내린 물이 강동면쪽으로 흘러내리고 그 물줄기가 강릉의 유일한 강인 군선강(群仙江)이다 보니까 강동면(江東面)이란 지명의 연원이 되기도 한 강의 시원 혹은 출발지로서 강동면으로 편입된 것이다. 그러나 80년대 이전까지 언별리의 모든 생활과 정서적 태도는 구정면으로서의 정체성을 지니고 있었다. 언별리(彦別里)라는 이름 자체가 '선비들이 이별한 곳'이나 '선비들이 살던 별세계'라는 의미를 지니고 있기 때문에 그것은 구정면과 관계가 깊은 역사적 사실과 관계깊기 때문에 이 편에서 이야기하려고 하는 것이다.

역사를 읽는 사람들 중에 반드시 유물이나 관련 기록이 있어야 진실이라고 믿는 사람들이 있다. 흔히 강단(講壇) 사학자들이 그런 경향을 지닌 사람들로 그들은 유물이 출토되거나 기록이 존재하지 않은 상태에서 어떤 주장을 하면 그것을 '뻥'이나 '국뽕'이라고 매도하며 논외(論外)로 치부하는 경향성을 가진다. 그래서 그들은 그런 자들이 교단에 발 붙이지 못하게 견제하며 그들에게서 버림받은 역사학자들은 재야(在野)로 불리며 언론이나 학계(學界)로부터 배제되어 길거리를 떠돌면서 문화센터 등에서 역사 버스킹을 하거나 혹은 개인적으로 유투브 콘텐츠 등을 제작해 자신들의 주장을 펼쳐 나갈 수 있을 뿐이다. 강단(講壇)을 장악한 역사학자들이 결국 도달한 지점은 흔히 New Right라고 부르는 친일파 사대학자들이 되어 민족 반역자 대열에 합류하게 되었고, 강단에 서지 못한 재야의 사람들은 대개 국뽕주의자로 매도되어 허풍쟁이 취급을 받게 되었다.

예를 들어 고조선(古朝鮮)의 대표적 유물(遺物)이 비파형 동검(銅劍)이라고 해 보자. 그러면 비파형 동검이 출토된 지역은 고조선의 강역(疆域)에 해당된다고 말할 수 있다. 그러나 이렇게 질문해 보자. 비파형 동검이 나왔다고 반드시 고조선의 강역인가? 비파형 동검이 나오지 않은 곳은 고조선의 강역이 아닌가? 전자의 경우 만약 고대 중국의 궁궐이나 저장고 혹은 그 자리에서 비파형 동검이 나오거나 출토되었다면 국가간의 선물이나 예물일 수도 있을 것이고 후자의 경우 전 세계의 땅 밑을 무슨 X-ray나 투시장치로 들여다보지 않은 상태에서 그걸 어떻게 판단할 수 있겠는가. 다시 말하자면 유물이나 기록을 근거로 하되 그것만 믿지 말고 그 외의 합리적이고 과학적인 추론도 역사 판단에서 중요한 요소로 간주하여 가장 합리적 판단을 해야 한다는 말이다.

이렇게 장황하게 역사 의식을 말하는 이유는 바로 언별리에 관한 역사 때문이다. 유물을 중심으로 보는 사람들은 전혀 믿지 않는 이야기들이 언별리에 얽혀 있기 때문이다. 학산 마을에 왕고개와 장안재 등 독자적인 왕조(?) 구축에 대한 지명들이 남아 있고 그것이 어단리로 이어진다는 이야기를 앞에서 했다. 어단리는 어단(於丹)이라 쓰긴 하지만 그것은 일제 강점기 이후의 표기이고 그 전에는 아마도 어단(御壇)이었을 것이고 그것은 조선 왕조에 들어선 뒤에도 고려 왕조에 대한 시대착오적(?)인 충직함을 나타낸 표현이라고 보았다. 왜 그랬는가 하는 이유는 굴산사에서 보현사로 이어지는 불교문화 중의 사굴산파라는 선종(禪宗)의 계보와 라말려초의 후삼국시절 강릉의 김씨를 비롯한 토호세력들이 신라 조정에 대항해 궁예와 왕건에게 귀부하며 벌어진 이야기들을 살펴 보면 잘 알 수 있을 것이다.

강릉의 지방 문헌의 기록에 의하면 조선 초기에 최문한(崔文漢), 김충한(金沖漢), 이장밀(李長密), 김경(金經) 등이 어단리에 고려 우왕의 위패를 모신 어단(御壇)을 쌓아 놓고 조선 조정에서는 벼슬살이 하지 않겠다는 불사이군(不事二君)의 결의를 다졌고 그 후 조선조가 자리잡으면서 그들을 추방하자 그들이 언별리 깊은 골로 들어가 그곳을 단경(壇京)이라 부르며 고려 왕조에 대한 충절을 지켰고 그래서 언별리는 그 후 단경골이라고 불리게 되었다는 이야기를 했지만 역사학자들은 전혀 관심이 없다는 것이다.

언별리의 단경골은 상류에 인가(人家)가 전혀 없는 맑고 시원한 물에다가 계곡의 나무와 기암괴석들이 잘 어울어진 풍광은 사람들을 불러 모았고 유명한 마을 관광지가 되었다. 선비들이 마지막까지 살았던 곳은 그 후 율곡 이이를 대표적으로 모시는 공부방 즉, 서원(書院)이 되었고 그 후 서원은 송담서원(松潭書院)이라는 이름으로 지금도 남아 있다.

그러나 이 아름다운 휴양지는 현재 인적이 드문 곳으로 변했고 사람들의 접근성을 좋게 하기 위해 계곡에 제방을 쌓고 포장도로를 놓았으나 아이러닉하게도 그런 도로 축조 과정 자체가 언별리 단경골을 접근 금지 구역으로 만들어 버리고 말았던 것이다.

〈언별리 단경골의 모습〉

〈언별리 단경골의 2024년 현재 모습〉

　중앙정부뿐만 아니라 작 지방자치단체들이 갖고 있는 개발(開發) 혹은 토목건설의 신화는 여기 이 계곡에도 예외가 없었다. 어느 국회의원이 '다리를 놓아 주겠다'고 공약하자 기자가 '그 곳에 개울도 없는 데 무슨 다리냐?'라고 반문하자, '개울을 파서 놓아주면 될 것 아니냐' 했다는 우스개가 있지만 이 단경골이 꼭 그런 꼴이라고 볼 수 있다. 그렇게라도 돈이 몰려오면 환경이야 주민생활이야 어찌되든 주민들은 결사반대의 현수막을 내걸고 뒤로는 업자들과 보상금 액수를 다투고, 지방 건설업자들은 하청 공사라도 하나 따 먹고, 여관업도 잘 되고, 식당에도 손님이 늘어나고 택시도 손님이 많아 모두에게 이득이라고 하는 논리가 작동하는 것이다. 그 와중에 죽어가는 자연환경은 어찌 할 것이며 그 대열에 동참하지 못한 밑바닥 서민들의 생계는 점점 막막해져 갈 뿐이라는 사실을 잊고 당장의 이익에 취한 모양새라고 보면 될 것이다. 정확한 루트의 취재 과정을 거치지 않은 것이기는 하지만 이 단경골의 상황은 강동면 안인 대동리의 발전단지 구축에서부터 시작된 것으로 보인다.

　나중 다음 편에서 다시 세세하게 다루겠지만 강동면은 근대 이전 해상을 통해 외부의 문물이 유입되는 강릉의 관문 역할을 했던 해변 마을이었고 안인(安仁)이란 동네 이름도 거기에 있었던 수군 기지가 '동해안을 편안히 한다' 는 의미에서 지어진 이름이다. 주역(周易)에서 동쪽 방향은 흔히 '인(仁)' 으로 표현되기도 한다. 방위(方位)인 동서남북을 사단(四端)인 인의예지로 바꾸어 생각한 성리학적 사고의 소산인 것이다. 그래서 조선 건국 후 한양 천도와 도성 축조를 주도한 정도전은 서울의 도성에 4개의 대문(大門)을 세우며 각각의 이름에 이런 방식을 적용한 것이었다. 남대문이 숭례문(崇禮門), 동대문이 흥인지문(興仁之門)이라 했으니 인(仁)이 바로 동(東)이라고 생각했던 것이다. 안인진(安仁鎭)이란 그래서 동쪽을 편안하게 하는 군대가 주둔하는 곳이란 의미를 갖는 것이다. 물론 수군기지가 없어지면서 진(鎭)이 진(津)으로 바뀌어 오늘날의 안인진(安仁津)이 되었을 것이다.

이 안인진에 극적인 변화가 일어난 것은 1973년에 영동화력발전소가 생기면서 부터였다. 당시 박정희 정부는 산림녹화와 난방과 취사 문제 등을 해결하기 위해 무연탄을 중심으로 하는 광산개발에 지원을 많이 했고, 서민을 위하고 기업의 임금을 동결하기 위해 서민 생활의 필수품인 쌀값과 연탄값을 정부 예산을 지원하며 통제하였다. 그래서 우후죽순으로 곳곳에 광산이 개발되었는데 주로 강원 남부와 경상북부 지방이 그 대상지였다. 생산된 연탄 중 함유된 칼로리가 부족하여 19공탄 등 가정용 난방으로 사용할 수 없는 저질 연탄을 이용하기 위한 화력발전소가 필요했고 연탄 산지와 가까운 안인진이 발전소 부지로 선택된 것이었다. 1979년에 2호기까지 들어서며 안인진은 한국전력의 주요 발전처가 되어 상대적으로 많은 지원금을 획득하게 되었다. 당시에는 공해(公害) 등에 대한 생각도 지금과 많이 달라 많은 지원금에 현혹된 주민들은 공장 유치를 환영했고 자신의 마을이 개발된다고 좋아했다.

　석탄을 때 발전을 한 후 나온 쓰레기인 슬러지는 인근의 아름다웠던 석호인 풍호(楓湖)에 버려졌고 오늘 날 단풍나무 호수라는 뜻의 풍호는 그 슬러지 위에 흙을 덮은 오션 뷰 골프장이 되었다. 풍호(楓湖)의 흔적은 Maple 이라는 골프장 이름에 유흔(遺痕)으로 남아 있을 뿐이다.

〈안인화력 발전소와 단경골에 생긴 변전 시설〉

　문제는 한번 내주기 시작하면 끝이 없다는 것이다. 그 결과 최근에 이 안인리에 새로운 발전소가 들어서게 되었다. 삼성물산이 건설하고 남동발전이 시행하는 안인화력 1,2호기가 몇 년 전에 들어선 것이다. 처음에 반대하던 주민들은 분수에 넘치는 마을 지원사업에 호물호물해 지는 가운데 발전소는 완성되었고 현재 송전선로가 제대로 구축되지 못해 발전을 중지하고 있는 상황이다. 이름은 에코 파워라고 하여 마치 친환경 발전소를 표방하고 있지만 세상에 친환경 발전소가 어디 있겠는가. 그것은 '따뜻한 아이스크림' 만큼이나 모순형용(Oxymoron)의 표현이다. 공해를 최소화하려 노력하는 것은 인정한다 할지라도 친환경이란 말은 가당치 않을 것이며 그것은 오늘의 언별리와 단경골을 답사해 보면 누구나 알 수 있는 일일 것이다.

안인화력에서 발전된 전기는 아마 이 언별리 단경골을 지나 태백준령을 넘어 서울 경기지역으로 송전(送電)될 예정이었던 모양이다. 그래서 계곡에 누구를 위한 것이지 모르겠지만 아스팔트 포장도로가 깔려 있고 고압의 송전선과 변전소가 들어서 있다. 주민들은 업자들이 주는 사탕에 해롱거리며 그들이 인근 대학에 의뢰하여 펴낸 강릉 안인 대동마을지 〈군선강 큰마을〉이란 두터운 리지(里誌)를 자랑한다. '세상에 읍지(邑誌)나 군지(郡誌)는 있지만 리지(里誌)있는 마을 있으면 나와 보라 그래'라고 말하고 있을 수도 있을 것이다. 어쩌면 이왕 버린 몸 한 번 더 준다고 뭐 티나랴 라고 푸념하고 있을 지도 모르겠다.

 강릉의 소위 관공서 출입하는 유지(有志)들은 업자들로부터 나온 자금으로 쇠락해 가던 송담서원(松潭書院)을 다시 덩그렇게 중건한 것을 긍지로 삼고 있을 지도 모를 일이다. 커다란 돌을 깎아 세우고 그 역사와 공적을 새긴 것으로 보면 대충 짐작이 가는 일이다.

〈잘 가꾸어 놓은 언별리의 송담서원〉

〈거대한 송담서원 중수 기념비〉

이 송담서원은 율곡(栗谷) 이이(李珥) 선생을 제향하는 사당으로 원래는 구정면 학산리에 있어 석천(石川)서원이라 했으며 인조(仁祖) 때 청액(請額) 상소를 하여 현판을 청했으나 그 뜻을 이루지 못하다가 효종(孝宗) 때인 1669년에 사액(賜額)되었고 신사임당의 초충도 8첩 병풍과 옥산(玉山) 이우(李瑀)의 글씨가 여기에 보관되었었다고 한다.

그 뒤 거대한 산불이 발생하여 서원의 대부분이 불타고 사임당이 직접 그린 병풍과 율곡 이이의 친필 글씨도 함께 잿더미가 되었다고 한다. 박철희란 분이 여러 곳에 지원을 요청하여 중건(重建)하였으나 1871년 대원군이 내린 서원 철폐령에 의해 결국 문을 닫게 되고 사액받은 현판도 땅에 묻게 되었다. 그 후 1905년에 자그마한 묘당을 재건하고 다시 제사를 모시게 되었으며 화재로 타버린 줄 알았던 사임당 병풍은 다행히 다시 찾아 현재 오죽헌박물관에 보관하며 전시하게 되었다고 한다. 그런 상태로 있다가 2023년에 대대적인 중수를 하여 오늘 날의 모습을 갖추게 된 것이다.

성산면 지역

제2부 2장 성산면 지역

　성산면(城山面)은 문자 그대로 성이 있는 산이 있는 마을에서 그 이름이 유래했다. 지금은 자취만 드문드문 남아있는 명주성(溟州城)의 역사에서 마을이 비롯했으니 아마도 강릉이란 도시의 출발점은 이 성산면이었을 것이다. 과거의 성(城)은 기능적으로 분류할 때 산성(山城)과 읍성(邑城)으로 나누어 볼 수 있다. 산성은 주로 전쟁 등 재난을 대비한 피난처로 기능했고 읍성은 평소 주요 거주지의 행정기능을 중심으로 만들어진 것이었다. 강릉의 경우 시내의 읍성과 함께 대관령 아래 성산면의 성들은 피난처로서 구실을 했었던 바 그런 역할이 이 곳의 지명 성산(城山)이 되었을 것이다. 해안지방의 재난은 그것이 태풍이든 해일이든 왜구이든 대부분 바다로부터 오는 것이니 상대적으로 바다와 먼 내륙지역의 산 속에 성을 쌓아 두고 비상 사태가 발생했을 경우 그 곳으로 모여들어 비상 상황이 해소될 때까지 견디고 버텼을 것이다. 물론 그 중간에 적들이 이용할만한 숙소나 식량이나 급수시설을 파괴하는 아픔이야 있었겠지만 그런 것이야 다시 복구하면 될 일, 우선은 사람이 살아야 했으니 그들은 산성으로 올라가는 것이 불문율이었을 것이다. 거기까지 쳐들어온 적에게는 활을 쏘아댔을 것이다. 미사일이나 박격포 곡사포가 없던 시절, 위에서 아래를 향해 화살을 날리면 적을 제압하거나 최소한 그들을 물러가게 하는 일은 그리 어렵지 않았을 것이다. 이렇게 더 이상 출구가 없는 산성에서 버티는 것을 농성(籠城)이라 했는데 이 단어는 지금도 시위현장 등에서 같은 개념으로 사용되고 있을 정도이다. 이런 산성들을 여러 개 보유하고 있었던 곳이 바로 성산면인 것이다. 지금도 명주산성, 대궁산성, 제왕산성 등이 그 흔적을 남기고 있다. 실례로 고려말 왜구들이 300척의 배로 강릉을 약탈하러 나타났을 때 강릉부사인 안렴사는 백성을 이끌고 일단 산성으로 피신하여 때를 기다려 반격하자고 하였으나 당시 신돈(辛旽) 사건으로 아버지 이춘부가 희생된 뒤 강릉에 관노로 와 있던 이옥(李沃)이 관아 주변의 솔숲을 이용하여 화살로 왜구를 공포에 떨게 하여 물리친 것은 유명한 사건이다. 그 때 부사와 안렴사가 백성을 데리고 피신했던 곳이 바로 이 성산면에 입지한 산성들이었을 것이다.

성산면은 강릉의 중서부에 위치하고 면 소재지는 구산리로 옛날 이곳에 역이 있었다. 옛말에 구산지상, 오계지중에 피난지가 있는데 성산은 강릉의 서쪽에 좋은 피난지가 있다. 강릉 향언에 "살아서는 학산 모산이요(生居母鶴山) 죽어서는 성산 땅이라(死去城山地)"는 말이 있는데 대관령에서 동북쪽으로 뻗어내린 성산 주령에는 옛날부터 명당자리가 많아 보광리, 송암리, 위촌리에는 묘가 많이 있다. 그래서 성산 주령에 묘자리가 있느냐 없느냐에 따라 그 집안 가문의 세를 측정했다. 성산주령에 묘를 써야 집안이 출세 할 수 있을 정도라 하니 이곳이 지방민들에게 얼마나 좋은 묘자리로 선호되었는가를 알 수 있다. 이곳은 토질이 좋아 물이 잘 빠지고 삽으로 땅을 파도 쉽게 파진다. 우리 집안은 조금 세가 약했던지 조상들의 묘가 주로 왕산면에 위치하고 있었다. 주로 왕산면 늘목재와 밭갈이 그리고 성산면 삼왕리에 위치하고 있었는데 어릴 때 늘목재에 벌초 다니던 아버지를 따라 다닌 적이 몇 번 있었다. 구정리 현재의 솔향수목원이 위치한 용소골을 지나 새재를 넘어 도마리 입구의 묘지기 집에서 쉬다가 늘목재 정상 근처에 있는 고조할머니 묘소를 향해 꼬댕이를 숨을 헐떡거리며 올라가야 했다. 내가 너무 힘들어 하여 시야에서 보이지 않으면 길을 못 찾을 까봐 걱정되셨는지, 새끼줄을 맨 낫을 두 개쯤 허리춤에 꽂은 아버지는 한참 서서 기다려 주셨다. 목낫 하나를 들고 뒤따르던 내가 가까이 가면 다시 앞에서 말없이 홱 돌아서서 휘적휘적 올라가곤 했다. 벌초가 끝난 뒤 한잔 술을 따르고 절을 한 뒤 내가 "우린 이 곳에 살지도 않는데... 왜 이리 멀고 험한 곳에 묘를 썼느냐"며 원망 섞인 말을 하자 아버지는 "이 놈아, 이 묏자리 사느라고 논밭자리 몇 개를 팔았는 줄 아느냐. 조상들이 늬놈덜 잘 되라고 다 그런 거야. 벌초하기 싫으면 하지 말고 성묘 가기 싫으면 관 둬라. 묵묘가 되더라도 큰 복이 오는 자리다. 어설픈 곳으로 옮기는 것보다는 더 발복(發福)할 길지(吉地)란다."고 하셨다. 음택(陰宅) 풍수 따위야 내가 알 바 아니지만 적어도 당시 우리 선조들은 그런 믿음을 가지고 그 묘를 썼던 것이었으니, 그것이 당대의 성산 왕산의 묏자리에 대한 강릉사람들의 일반적 사고방식이었을 것이다.

신라 시절 강릉을 중심으로 하는 영동지방은 9주 5소경의 하나인 명주(溟州)라 불렸고 그 이름이 이 성산면의 명주산성에서 유래했을 것이다. 게다가 백두대간의 거의 유일한 소통로였던 대관령이 위치한 이 성산면은 그 강릉의 진산(鎭山)인 대관령에서 흘러내린 산줄기 지맥(支脈)들이 바다를 향해 뻗어있고 그 산줄기 자락에서 발원하는 물줄기들이 모여 강을 이루었는데 그 중 가장 큰 물줄기인 남대천이 흐르는 출발점이기도 하다.

수렵과 채집에서 농업경제로 전환되었을 때 강 주변은 가장 우선적인 집단 주거지가 되었다. 그 곳에서 선조들은 물을 잘 이용할 수 있는 강 주변에서 농사를 짓고 그 뒤 언덕에 주거지를 정하고 그 뒷산의 산림에서 땔감이나 건축용 목재를 조달했을 것이다. 특히 비료가 없던 시절 농사의 풍흉을 결정하는 것은 강 상류에서 떠밀려 내려온 유기물질이었을 것이다. 대관령 굽이에서 발원한 냇물과 보광리 방면에서 흘러와 어흘리에서 모인 성산쪽 냇물과 왕산 닭목령과 삽당령에서 기원한 냇물이 합쳐진 왕산쪽 냇물이 합수하는 곳이 바로 성산면이고 그 곳에서 남대천을 이룬 물은 한 바퀴 크게 감돌아 흐른 후 칠봉산에 부딪혀 굽이치면서 그 퇴적물을 금산리 버덩에 쏟아놓았을 것이다. 건너 편 마을을 회산이라 부르는 것도 그런 물흐름 때문이었을 것이다. 그렇게 쌓인 유기 퇴적물은 이 곳을 가장 기름진 옥토(沃土)로 만들었다. 그 자리에 신라 원성왕과의 대권 경쟁에서 패배한 뒤 명주(溟州)를 식읍(食邑)으로 받고 물러난 강릉 김씨의 시조(始祖)인 김주원 일행이 자리잡고 그 곳을 명주의 주도(州都)로 삼고 명주성(溟州城)이라 했을 것이다. 성산면은 바로 여기에서 출발했다.

어쩌면 강릉 자체가 여기서부터 변방의 작은 고을에서 영동지방 혹은 명주(溟州)의 중심지로 떠올랐을 것이다. 즉 강릉은 해발고도가 높은 산지지역의 농업지역에서부터 차차 바다쪽으로 그 삶의 영역을 확대해 온 것으로 보인다. 필자는 실제로 80년대 초 중반에 포남동에 있는 고등학교에 근무한 적이 있다. 그 때 막 포남동 현재의 한국전력 강릉지사 지역이 숲에서 택지로 조성되던 시절인데 초당초등학교 경포고등학교 동명중학교 등의 터가 조성되고 현재 강릉고등학교와 강릉대로가 연결되는 길닦기 공사도 그 때 진행되었다. 필자는 고고학 전공자는 아니어서 구석기 시대 유물을 판별할 능력은 되지 못했지만 어렴풋이 석기와 토기의 변화과정을 알고 있었던 바 그 변화의 모습이 해발고도가 가장 높은 초당초등학교 그 다음이 경포고등학교 그 다음에 강릉고등학교 진입로 순으로 점차 간석기시대부터 신석기 후반까지 수 백년 수 천년에 걸친 높은 곳에서 낮은 곳으로의 이주의 흔적을 살펴 본 적이 있다. 그 때 오직 백두산과 같은 대형 화산이 폭발할 때만 형성된다는 흑요석이 출토되는 것도 보았다. 이것은 강릉지역이 백두산 지역과의 교류가 이미 신석기 시대부터 있었다는 의미라고 했었다. 또한 이런 유물의 시차(時差)에 따른 분포는 경포 등의 석호(潟湖)와 함께 동해안이 시간이 흐르면서 점차적으로 융기(隆起)했고 우리 조상 인류들은 바다와 육지가 만나고 민물과 바닷물이 섞이는 기수(沂水)지역에 먹거리가 많다는 것을 알고 있었고 지리적 변화에 따라 삶의 터전을 옮기다보니 그런 흔적이 나타난 것이었을 것이다. 그런 점에서 본다면 성산은 아마도 강릉의 선주민(先住民)들이 가장 먼저 자리 잡아 마을 혹은 부족적 연맹을 이룬 지역이었을 가능성이 높다.

① 금산리 버당과 김씨 마을

필자도 대학에서 문학을 전공했지만 문학을 전문으로 하는 사람들 중에는 역사적 신념이 부족한 경우가 상당히 많다. 어떤 민족이나 국가집단에서든 대개 문학을 전공하는 사람은 당대의 일반인보다는 학력도 높고 환경도 괜찮은 곳에서 자란 지식분자가 많고 아마 잔머리가 발달하고 역사의식보다는 당장의 이해관계에 충실하여 그리 되는 것이 아닌가 짐작해 볼 뿐이다. 남보다 뛰어난 사람이란 따지고 보면 남보다 더 출세욕이 강하고 지배욕이 강한 사람들이기 마련이기 때문에 현실적 권력에 기대어 자신의 사회적 성공을 보장받고 대중들로부터 그것을 인정받고 싶은 심리가 일반인보다 더 강하게 자리잡고 있을 것이다. 학창시절 소위 모범생이라 칭찬받던 사람들이 얼추 권력지향적 성향을 보이는 경우가 많은데 따지고 보면 모범생이란 성적이나 행동으로 포장되어 있긴 하지만 내용적으로는 체제 순응적이고 기회주의적인 존재일 가능성이 높다는 것이 나의 교직 경력을 통한 개인적 판단이다.

　우리 근대문학의 첫 머리에 자리하는 사람 중 그런 예를 몇 사람을 들어보면 1908년에 최초의 잡지 "소년(少年)"을 창간하고 최초의 신체시인 "해(海)에게서 소년에게"를 쓰고 심지어 1919년 그 유명한 기미독립선언서를 작성하기도 했던 육당 최남선(崔南善, 1890~1957)은 결국 일제 말기 친일로 변절했고, 그것은 최초의 근대소설 "무정(無情)"을 써서 장안의 지가를 올렸고 일본 동경에서 2.8 독립선언문을 작성했던 춘원 이광수(李光洙, 1892~?)도 마찬가지였다. 그런 변절자의 압권은 단연 국초 이인직(李人稙, 1862~1916)이다. 그는 우리 문학사상 최초의 신소설 "혈(血)의 누(淚)"를 쓴 소설가이자 최초로 협률사(協律社)라는 극장을 세워 신극(新劇)을 공연하기도 했던 인물이기도 하다. 그러나 그는 변절자나 배신자 수준이 아니라 이완용(李完用, 1858~1926)과 함께 아예 대놓고 나라를 팔아먹은 매국노이다. 그가 쓴 소설 중에 "은세계(銀世界)"라는 작품이 있는데 그 소설의 무대가 바로 강릉이고 더 구체적으로 말하면 이 성산면 금산리(金山里)이다.

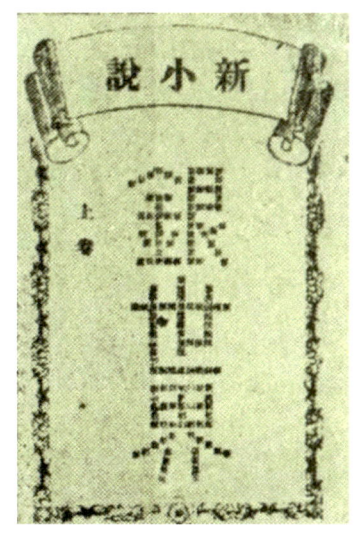

〈1908년에 나온 이인직의 소설 '은세계' 표지〉

강원도 강릉 대관령은 바람도 유명하고 눈도 유명한 곳이라. 겨울 한 철에 바람이 심할 때는 기왓장이 홀홀 날린다는 바람이요, 눈이 많이 올 때는 지붕 처마가 파묻힌다는 눈이라. 대체 바람도 굉장하고 눈도 굉장한 곳이나, 그것은 대관령 서편의 서강릉이라는 곳을 이르는 말이요, 대관령 동편의 동강릉은 잔풍(潺風) 향양(向陽)하고 겨울에 눈도 좀 덜 쌓이는 곳이라.

'은세계'의 첫 머리 부분이다.

여기서 대관령은 강원도를 동서로 나누는 장벽이자 동시에 두 곳을 연결하는 통로의 구실을 한다. 대관령의 그런 기능은 예나 지금이나 마찬가지이고 수도권과의 관문(關門)이라는 의미에서 고개의 이름도 대관령이 되었을 것이다. 마치 벽에 뚫린 창문과도 같은 구실이라고나 할까. 창(窓)이 그러하듯 대관령은 수도권과 영동지방을 가로막는 백두대간 산줄기에 뚫린 한 개의 창 역할을 했을 것이다. 창은 벽(壁)이며 동시에 문(門)이다. 그런 까닭에 강릉을 중심으로 한 영동지방은 백두대간이라는 벽을 이용해 서울과 다른 독특한 언어와 문화를 오래도록 간직할 수 있었고, 그런 가운데서도 대관령이라는 창을 통해 수도권의 통치와 교류 지역에 편입될 수 있었던 것이다. 일제 강점기를 배경으로 하는 이 소설에서 주목해야할 용어 중의 하나는 '동강릉' '서강릉' 이라는 표현이 존재한다는 점이다. 동강릉은 아마 오늘 날의 대관령 동쪽 사면 아래의 강릉시를 비롯한 그 영역, 즉 위로는 양양 현남면에서부터 아래로는 묵호까지를 이르는 다소 넓은 범위에서 쓰였고 서강릉은 대관령 서쪽 고원 평탄 지역이면서 넓게 강릉권이라고 했던 남으로는 하장면 골지리에서 북으로는 대화에 이르는 지역 그리고 서쪽으로는 정선군 여량면 정도까지가 타지에서 말하는 강릉권(圈)을 가리키는 명칭이었던 것으로 보인다. 위의 지역들까지가 우리가 흔히 서울에 가서 '어디서 오셨느냐' 혹은 '고향이 어디냐' 는 질문에 대충 '강릉이래요, 그런 건 왜서 물어요?' 라고 해도 낯간지럽지 않은 지역이라는 말이다. 예를 들어 수도권에 자녀들이 살고 있는 어른들이 누가 물으면 대답하는 것과 흡사할 것이다. 예를 들어 자녀들의 거주지가 딱히 서울특별시의 구(區)나 동(洞)이 아니더라도 경기도 고양 일산이나 분당 정도에 살면 '서울 살아요' 해도 괜찮은데 의정부나 수원에 살면 '서울에 있지요, 뭐' 하기에 다소 부담되는 것과 비슷한 정도로 생각하면 될 것이다. 동강릉 서강릉이라는 작가의 표현은 그렇게 에둘러 말하는 강릉권을 이르는 말이라고 사료된다.

  소설은 동강릉 경금 동네에 살던 알부자 최병도가 그의 재산을 노린 강원감사에게 붙들려가 고초를 당한 끝에 죽음을 맞이하는 전반부와 그의 소생인 옥순 옥남 남매가 미국유학을 가서 선진문물을 배우고 돌아온다는 후반부로 이루어져 있다. 최병도가 살던 동강릉은 백성들의 노동과 절약이 결실을 맺은 풍요와 자족의 땅으로 묘사되어 있다. 마치 일본 작가 가와바다 야스나리의 소설 '설국(雪國)'의 첫 구절의 감동, "국경의 긴 터널을 빠져나오자, 눈의 고장이었다. 밤의 밑바닥이 하얘졌다. 신호소에 기차가 멈춰 섰다."라는 첫 문장을 통과하는 순간 독자들은 은하수 쏟아지는 눈 덮인 하얀 어둠의 적막 앞에서 허무와 생명력이 동시에 요동치는 초월적 세계로 빠져든 것과 같은 효과를 지닌다고 볼 수 있을 것이다. 대관령도 바로 그런 터널 같은 구실을 하는 곳이다. 서울을 출발하여 굽이굽이 고생하다 대관령 정상에 턱 올라서는 순간, 눈 앞에 펼쳐지는 바다와 산의 모습에 누군들 경이로움을 느끼지 않았겠는가. 그런 다소 이국적(異國的)인 정서는 순전히 바다 때문에 갖게 된 것이긴 하지만 오늘 날 강릉을 찾는 젊은이들에게서도 여전히 찾아볼 수 있는 요소이기도 하다. 소설 속에서도 눈이 많이 와 '은세계(銀世界)'라는 그 곳은 나라의 지원이나 간섭이 없어도 스스로 풍족하게 자신들만의 세계를 구축하고 살 수 있는 땅으로 설정되어 있는 것이다. 거기에는 물론 대관령 서쪽 즉 수도권의 권력으로 상징되는 봉건적 탐학의 부당성과 잔혹성을 극대화시키기 위한 작가의 의도가 담겨 있다. 이 소설은 전반부는 원래 존재했던 '최병두타령'이라는 구전 민요(판소리)를 기반으로 했고 후반부는 이인직이 순전히 창작한 부분이라고 한다.

〈눈 쌓인 대관령과 보현사〉

최병도가 살았던 경금 동네는 현재의 금산1리에 해당하며 강릉김씨들이 세운 마을이라하여 건금(建金)이라는 별칭도 지니고 있는데 건금이 강릉 사투리로 경금이라 했던 것으로 보인다.

당시의 강원도 감영은 원주에 있었으나 강원도의 무게 중심은 영동지방에 있었고 그 중심은 당연히 강릉이었을 것이다. 실제로 과거시험 문과(文科)에 합격한 자들이 임용되는 직위로 오늘 날의 도지사에 해당하는 강원감사와 오늘날의 시장에 해당하는 강릉부사는 거의 높낮이가 없는 관계였던 것으로 보인다. 원주와 강릉은 교류가 잦았다는 것은 고려말을 배경으로 하는 홍장(紅粧)고사 이야기에 강원감사 박순과 강릉부사 조운흘이 강릉 경포 호수가에서 자주 술자리를 하며 흠허물 없이 서로 놀리며 기생 홍장과의 일화를 남긴 것으로도 알 수 있다. 강릉 매화타령에 얼핏 남아 있는 강릉 기생 매화의 독특한 행동도 역시 마찬가지이고 이중환의 택리지에도 원주와 강릉을 비교하여 여러 가지 대비적 묘사를 하고 있기도 하다. 어떤 비평가들은 이 소설의 구조를 원주의 강원감영으로 대표되는 부패한 권력과 강릉의 최병도로 대표되는 성실한 서민들의 긴장구조로 보고 타락한 권력이 성실한 양민을 수탈하는 모습을 보여줌으로써 조선왕조 몰락의 필연적인 귀결을 말하며 결국 '부패한 왕조를 외세인 건강한 일제(日帝)가 대체하는 이인직의 친일적 태도를 보여 준다'고 보기도 한다. 이인직은 매국노(賣國奴) 수준의 친일 분자인데다 그의 전작 '혈(血)의 누(淚)'에서 이미 이런 친일적 내용을 보여 준 바 있기 때문이다.

물론 그런 점에 충분히 동의하면서도 내가 주목하는 점은 왜 이인직이 하필 이 성산면 금산리를 부자 동네로 보고 최병도를 권력의 피해자로 설정했느냐는 점이다. 그것은 실제로 이 마을이 그만큼 농업경제 시대에 두각을 나타낼 수 있을 만큼의 경제적 풍요와 그런 상황이 이인직이 인지할 수 있을 정도의 전국적 명성을 가지고 있었다는 뜻이라는 것이다. 요즘 식으로 말하면 주민 소득이 가장 높은 마을로 소문이 쩌르르했다는 반증이라는 것이다. 앞에서 언급했지만 이 금산 마을은 순전히 자연 농법에 의존하던 시절 대관령 기슭에서 흘러내린 풍성한 영양 물질이 퇴적되고 그런 지리적 환경을 이용한 농업활동을 통해 부(富)를 축적할 수 있는 마을이었다는 점에 주목하는 것으로 마을의 성격을 규정하는 것이다.

신라에서 이주해 온 김주원의 후손들은 여전히 그 곳에 자리잡고 있어 마을 이름도 금산(金山)이든 건금(建金)이든 강릉 김씨들과 밀접한 관련을 가진다. 강릉 향현사(鄕賢祠)에 봉헌된 존경받는 선비 12분 중 가장 마지막인 순조 때 봉헌된 분인 김열(金說)이 거주했던 임경당(臨鏡堂)이 지금도 남아 있다. 임경당 김열은 이율곡(1536~1584)과 같은 시대의 사람으로 학문과 덕행이 뛰어났다. 요즘 세상에는 SKY대학을 나오고 무슨 고시(考試)에라도 합격하여 높은 등급의 관직에 있거나 사회적 명성을 지니고 돈도 많이 버는 사람들을 존경하는 풍토이지만 불과 100년 전만하여도 우리 사회에서 진짜 존경받는 사람은 능력을 갖고 있으면서도, 혼탁한 세상에 나가 권력과 금력을 취하려 하기보다는 고향을 지키며 청빈한 태도로 살아가는 처사(處士) 혹은 은사(隱士)들이었다. 영동지방 최고의 문벌이었던 강릉 김씨로서 당연히 벼슬길에 나설 줄 알았던 김광헌과 그의 맏아들 임경당 김열이 고향을 지키며 덕을 베풀고 효를 실천하고 있는 모습은 주위의 추앙을 받기에 부족함이 없었을 것이다.

김열의 아버지 김광헌은 1519년(중종 14)에 진사(進士)에 올랐으나 관직에 나가지 않았다고 하는데 시대적으로 볼 때 이 무렵엔 유명한 사화(士禍)가 있었다. 연산군 이후 반정(反正)에 의해 등극한 중종은 조정의 훈구대신들을 대체할 새로운 인재를 찾기 위해 사림(士林)의 대표 정암 조광조를 파격적으로 등용하여 개혁정치를 해 나가기 시작했다. 조광조는 과거 중국왕조에서 실시했던 현량과(賢良科)라는 일종의 민간에 의한 인재 추천제도를 실시했고, 그 결과 어지러운 세상에 나아갈 뜻을 접고 있던 많은 은둔형 인재들이 등용되어 벼슬길에서 새로운 정치를 펼쳐 나가기 시작했다. 그러나 불과 4년 만에 그의 개혁정치는 현실의 벽 앞에서 좌초되고 그 후유증은 기묘사화로 이어졌다. 아울러 현량과로 등용되었던 72명의 소위 기묘(己卯) 명현(名賢)들이 파직되었으니 불초 소생의 중시조로 향현사에 배향된 12분 중의 두 분인 삼가(三佳) 박수량, 사휴(四休) 박공달이 사천 미노리 쌍한정(雙閑亭)에서 아름답게 늙으신 것도 그런 연유 때문이었다. 기묘사화는 사림의 입장에서 바라볼 때는 임금의 배신이었고, '권력 가진 것들은 역시나…' 뭐 그런 마음을 갖게 만들었을 것이다. 그러니 명망있는 김광헌 선비가 벼슬길에 나아가길 저어한 것은 당연한 일이었고 그는 아들에게도 그런 정신을 심어주었을 것이다. 이 강릉 김씨 집안에 전설처럼 전해 지는 '송어시' 이야기는 이런 상황을 상징한다.

〈임경당(臨鏡堂)에 걸려 있는 김열(金說)의 '송어시(松魚詩)' 현판〉

내용은 나라에서 높은 벼슬 자리에 있다가 강릉으로 유배왔던 사람이 유배가 해제되어 다시 높은 벼슬을 받게 되어 위세가 대단하였다. 하루는 문밖에 강릉사람을 자칭하는 어떤 서생이 찾아와 송어를 한 마리 놓고 가서 그 배를 갈라보니 비단천이 있어 거기에 시가 적혀 있었으니 그 내용인즉슨 바로 '송어에 관한 시'였다는 내용이다. 물론 김열이 지어낸 이야기일 것이다. 풍자적인 시도 필화(筆禍)를 입던 시절이니 이런 식으로 자신의 심정을 에둘러 표현했을 것이다. '송어시(松魚詩)'의 내용은 다음과 같다.

發發纖鱗氣力多(발발섬린기력다) 펄쩍펄쩍 비단 비늘 힘도 좋구나
龍門九級可跳過(용문구급가도과) 등용문의 아홉 물길도 거뜬히 뛰어넘겠지만
可憐知進不知退(가련지진불지퇴) 안타깝구나, 앞으로 나아갈 줄만 알고 물러날 줄 모르니
終失滄溟萬里波(종실창명만리파) 끝끝내 만 리 푸른 바닷물결 잃어버리고 말겠구나.

　물고기에게 앞으로만 나아가다가 물을 잃고 말 거라고 했으니 한 마디로 환해(宦海) 풍파(風波)를 경고하는 내용이다. 당시 이런 시조도 있었다.

굼벵이 매암이 되어 나래 돋아 날아 올라
노프나 노픈 남긔 소릐도 조커니와
그 우희 거믜줄 이시니 그를 조심하여라.

　기록에는 이 '송어시'를 보고 기이하게 생각해 벼슬에 나아가지 않았더니 과연 사화(士禍)가 있어 목숨을 지켰다고 하지만 사실은 선후 관계가 반대였을 것이다. 중종 이후 명종(明宗) 임금 때는 비교적 평화로운 시기였으나 김열은 벼슬길을 만류하는 아버지를 모시고 금산에서 유유자적하며 살았을 것이고 과거에 나아가지 않고 형제들과 더불어 오직 글 읽기에만 힘썼으며 아무리 춥고 더운

날씨에도 의관(衣冠)을 흐트러지게 하는 일이 없었으며 강호(江湖)에 머물며 벼슬에 뜻을 두지 않았기 때문에 이웃 사람들은 그를 '김처사(金處士)'라 불렀다고 한다. 벼슬길에 나가지 않았기에 녹봉을 받지는 않았으나 집 앞 금산 버덩에서 나는 소출은 봉제사(奉祭祀) 접빈객(接賓客)하기에 부족함이 없었을 것이다. 그런 임경당의 절친 빈객 중에는 해운정(海雲亭)의 어촌(漁村) 심언광과 대학자 율곡 이이도 있었으니 그는 집 주변의 소나무를 가꾸면서 소나무처럼 절개를 지키며 살아가는 임경당을 높이 평가하였다. 어느 날 찾아온 율곡에게 소나무 숲을 가리키며 '나의 선친이 손수 심은 것이라네. 우리 형제 모두 이 집에서 저 소나무 숲을 울타리로 삼고 살고 있네. 그런데 숲을 볼 때마다 선친의 은혜를 생각하는데 아무래도 내 능력으로는 보전하는데 한계가 있을 것 같으니 그대가 이를 잘 보전하도록 교훈이 될 만한 글을 써주면 사당(祠堂)의 벽에 걸어 놓고 자손들로부터 늘 보게 하여 가슴 깊이 새기도록 하겠네.'라고 하였다. 이에 율곡은 몸소 호송설(護松說)이란 글을 지어 주었다.

〈율곡이 지어준 호송설 현판〉

한국정신문화연구원에서 번역한 〈국역율곡전서〉에 있는 호송설의 내용을 옮겨 본다.

김군(金君) 열(說)은 정산(鼎山) 아래에 살고 있다. 집 주위를 빙 둘러 소나무를 심었는데, 맑은 그늘이 널리 퍼져 수백 묘나 될 성 싶다. 김군이 이를 가리키면서 나더러 말하기를, "이는 우리 선인(先人)께서 손수 심으신 것이지요. 우리 형제가 모두 여기에 집지어 살고 이 소나무로 울타리를 삼았으니, 소나무를 보면 어버이를 사모하는 정이 스스로 그칠 수 없습니다. 그래서 항상 세대가 멀어지고 전승(傳承)이 없어지면 도끼를 대어 베는 일을 면할 수 없지 않을까 두려워하여 그대의 몇 마디 말을 얻어서 가묘의 벽 위에 걸어 자손에게 보이려 하오." 하였다. 나는 웃으면서 말하기를, "말이 어찌 보탬이 될 수 있겠소, 그대의 아들이 그대의 뜻을 알고 그대의 손자가 그대 아들의 뜻을 알아 멀리 백세까지 이르더라도 뜻으로써 서로 전하면 반드시 영원토록 민멸하지 않겠지요. 만약 당구(堂構)를 실추(失墜)하지 않게 하여 효제(孝悌)를 일으키면 조선(祖先)의 물건에 대하여 아무리 토막난 지팡이나 어진 신짝이라 하더라도 오히려 또한 귀중하게 간수하여 공경함을 일으킬 것인데, 하물며 손수 심으신 집 주변의 수목이겠소. 만약 혹시 교육이 잘못되어 양심이 곡망(梏亡)하면 그 부모 보기를 또한 진월(秦越)처럼 할 것이니, 하물며 문밖의 식물쯤이겠소. 말로써 가르치는 것은 몸으로써 가르치는 것만 같지 못하고 글로써 전하는 것은 뜻으로써 전하는 것만 같지 못하니, 말이 어찌 보탬이 될 수 있겠소." 하였다. 김군은 말하기를, "그대의 이 말은 그러하거니와 다만 사람이 갖추고 있는 인·의·예·지의 본성은 하늘에서 얻은 것인데, 이것을 완전히 확충하는 사람도 진실로 적지만 이것을 아주 끊어버리는 사람도 또한 드물지요. 보통사람의 성품이란 경계하여 주면 양심을 발하고 경계하여 주지 않으면 어두우니 나는 보통 사람을 경계 계발시켜 어둡지 않게 하려는 것일 뿐이요. 저들 그 마음을 곡망하고 부모를 진월(秦越)같이 대하는 자는 금수일 뿐이니 내가 비록 효제로써 자손에게 기대하지는 못한다 하더라도 또한 보통 사람으로써 기대할 수야 없겠소. 자손들도 또한 마음이 있으니 어찌 금수로 자처(自處)하는 데까지야 이르겠소. 아마 그들도 이 말에 감발(感發)하는 것이 있겠지요." 하였다. 나는 말하기를, "훌륭하오. 이 말씀이여! 이것으로써 자손에게 훈계를 전해주면 충분하겠소. 아버지가 돌아가심에 그 서책을 차마 읽지 못하는 것은 손때가 묻어 있기 때문이고 어머니가 돌아가심에 그 배권(杯圈)으로 감히 먹지 못하는 것은 입김이 남아 있기 때문인데, 하물며 덮여 있는 소나무는 재배한 손안에서 나왔음에랴. 비와 이슬로 적셔져 자랐고 서리와 눈으로 다져져 견실하게 되었으니, 잠깐만 눈에 지나쳐도 감회를 일으키어 출척(怵惕)하고 처창(悽愴)하여 비록 한 가지 한 잎의 작은 것이라도 늠연히 오히려 상해될까 두려워할 터인데, 더구나 가지나 줄기를 범할 수야 있겠소. 진실로 금수의 마음을 가진 사람이 아니라면 반드시 경계할 줄을 알 것이니, 그대는 면할 수 있겠지요." 하였다. 나는 이것으로 인하여 느낀 것이 있으니, 대저 선조가 고생과 노력을 축적하여 반드시 한 세대로써 기약하여야 비로소 가업을 이루는 것인데, 자손이 불초하면 무너뜨림의 빠름이 한 해를 다 기다릴 것도 없을 것이오. 이 소나무도 북돋아 심은 지 수십 년을 기다려서야 비로소 큰 나무로 성장하는 것인데 도끼로 벤다면 하루아침에 다 없어질 것이니, 어찌 이와 같은 것이 가업을 이루기는 어렵고 파괴하기는 쉬운 것과 같은 것이 아니겠소. 아! 이것이 내가 느낌이 있는 까닭이라오.

이 '호송설'은 소나무가 많아 송정(松亭)이란 동네도 있고, '솔향 강릉'이라는 브랜드도 만들어 사용하는 강릉시에는 더할 수 없이 소중한 글인지라 일제 강점기 시절 소나무 숲에 초당(草堂) 학교를 열어 학동(學童)들에게 영어를 가르치며 민족의식을 불러 일으켰던 현재의 강릉고등학교 교정에 이 글을 비(碑)로 만들어 세워 두기도 했다.

〈상임경당의 별당 원 임경당〉

임경당이란 당호를 지닌 집은 두 채가 있는데 새로 지은 하(下) 임경당은 '망상댁'이란 택호를 단 채 현재 김열선생 직계 후손들이 거주하고 있고 송시열, 김정희, 윤용구, 김성근 등 구한 말 내노라하는 시인 묵객들의 글씨가 현판으로 달려 있다. 원래의 임경당인 상(上) 임경당은 '진사댁'이란 택호로 불리며 현재 '과객(過客)'이란 상호를 가진 카페로 가꾸어 젊은 후손들이 영업을 하며 커피도 팔고 조상 자랑도 하고 있어 많은 관광객들이 드나들고 있다.

〈임경당 후손들이 운영하는 카페 과객〉

　원래의 임경당은 앞면 3칸·옆면 2칸 규모이며, 지붕 옆면이 여덟 팔(八)자 모양인 화려한 팔작지붕집이다. 소나무 숲을 배경으로 하여 2단의 장대석 위에 지어진 집으로, 별당 이름은 김열의 호를 따서 지은 것이다. 임경당의 뒷쪽에 위치한 ㅁ자형 집은 본채로서 임경당과 함께 수 차례의 수리를 거쳐 오늘날에 이르고 있다. 건물에는 추사 선생의 아버지 김노경이 썼다고 전해지는 임경당 현판을 비롯하여 여러 개의 현판들이 매달려 있다.

〈추사의 부친 김노경이 썼다고 알려진 임경당 현판과 각종 현판들〉

〈하 임경당. 택호는 망상댁〉

 필자는 직접 본 적은 없지만 이 집의 너른 마당에서는 매년 정월대보름에 용물달기 라는 행사를 한다고 하는데, 용물달기는 용수(湧水) 기원제 형식으로, 예로부터 정월 대보름 전날 저녁 짚으로 수신(水神)인 용 모양을 사람 크기로 만들어 마을 동서남북 네 곳 우물에 용을 잠시 담갔다가 자정 무렵 꺼낸 다음 임경당(臨鏡堂) 우물로 옮겨 제사를 지내는 행사라고 한다. 이런 행사는 이 집이 금산리 마을의 정신적 지주 역할을 했음을 보여 준다. 씨족마을의 종가집으로, 넓은 농토를 소유한 지주댁으로 군림했음을 보여주는 것이다.

〈용물달기 행사 모습〉

이 마을의 상징적 인물인 김열 부자가 활동했던 시기는 중종(中宗) 이후이다. 중종 반정 이후 등용된 조광조에 의한 일종의 유교적 도덕 재무장운동이 향약(鄕約)을 만드는 일이었다. 그리고 당시의 사림(士林)의 영향권 아래 있었던 개혁적 선비들은 각자가 처한 곳에서 고을마다의 향약을 제정하는데 앞장 섰을 것이다. 송나라의 주희(朱熹)가 그러했던 모범을 좇아 성리학자인 율곡선생이 고향인 해주(海州)에서, 퇴계선생이 안동에서 예안향약을 만들어 고향마을부터 풍속을 개량해 나가고자 했을 때 이 곳 강릉에서도 뚜렷하지는 않지만 향약이 만들어 졌을 것이고 그 모습은 아마도 김열 부자가 마을의 중심역할을 했던 이 성산면에 남아 있는 것으로 보인다. 그것은 바로 이 금산마을의 용물달기와 위촌리의 도배례일 것이다.

굳이 향약(鄕約)이란 이름을 붙이지 않았더라도 강릉에는 이미 조선조 초부터 결성된 금란반월계를 비롯한 마을마다의 대동계(大同契)가 존재하고 있었기에 향약은 자연스럽게 대동계와 연결이 되었을 것이다.

위촌리의 도배례를 주관하여 마을의 풍속을 유지하는 임무도 대동계원들의 십시일반 때문이었다. 위촌리에서는 매년 음력 정월 이튿날 마을의 가장 웃어른을 모시고 온 마을 사람들이 세배를 드리는 도배례가 열린다. 위촌리 도배례도 조선 중기인 1577년 마을 주민들이 대동계를 조직한 이후 지금까지 441년째 이어지고 있다. 즉, 위촌리 도배례를 주도하는 대동계의 역사도 441년이 됐다는 말이다.

향약(鄕約)이 일종의 지방자치제 법률과 규약이라면 이보다 더 뿌리깊고 오래된 연대를 나타내는 것이 바로 계(契)였다. 아시다시피 강릉에는 유난히 계(契) 조직이 많다. 전국에서 가장 오래된 계 모임으로 알려진 '금란반월계(金蘭半月契)'는 600년 이상 이어져 오는 모임이다. 조선 초기(1466년)인 세조 때 강릉의 은사(隱士) 최응현에게서 수학한 젊은 유학자들은 불교세력을 견제하고, 성리학적 질서를 지역 사회에 심기 위해 계모임인 금란반월계를 조직했다고 한다. 그들의 후손들은 지금도 경포 호수변의 '금란정'이란 정자에서 정기적으로 모임을 갖고 있기도 하다. 몇 년 전 KBS TV쇼 진품명품이란 프로그램에 이 계모임을 그린 계회도(契會圖) 한 점이 시가 5억원으로 감정되어 세상을 놀라게 하기도 했다. 지금부터 550여전에 자신들의 계를 하는 모습과 지켜야할 규칙인 맹약 5장을 화폭에 담아 15명의 계원들로 하여금 한 장씩 나눠가지게 했던 것이 바로 〈금란반월계회도〉였던 것이다. 그 작품은 보물로 지정된 성세창의 세시 미원 계회도(1540년, 보물 제868호), 성세창의 세시 하관 계회도(1541년, 보물 제869호), 독서당 계회도(1570년, 보물 제867호)보다 연대가 앞서는 최고의 계회도라는 평가를 받았다. 그것은 마치 서양의 미술사에서 초상화가 레오나르도 다빈치의 르네상스 시절의 귀족이나 왕의 개인 초상화에서, 렘브란트 등이 등장한 근대 이후 새로 상업적 자본을 축적한 부르조아들이 모여 단체 초상화를 여러 개 같은 것을 그리도록 하여 나누어 가졌던 일과 흡사한 것이다.

〈금란반월 계회도(金蘭半月 契會圖)〉

〈경포 호수가의 금란정〉

　이런 종류의 계모임은 친목계인 형제계, 남매계, 부부계를 비롯하여　각종학교 동창계가 있고 큰돈 쓸 일에 대비한 상포계, 혼인계, 여행계 등과 아이들 학교 자모계도 있고 또 동향출신계인 향우회 성격의 모임도 많고 또 95년 강릉여고 근무한 교사모임 같은 직장 같은 시기 근무한 모임도 많다. 각종 성씨계도 많아 강릉 김씨 진(辰)자 돌림계, 강릉 최씨 청년계 등도 무수히 많다. 그 외에도 무슨 핑계를 대서라도 모임 만들기를 좋아하는 것이 강릉사람들인지라 외지에서 이사온 사람들이 가장 소외감을 느끼는 것 중의 한 가지가 바로 지들끼리의 계모임이다. 그래서 그들은 '강릉은 텃세가 세다, 지역색이 너무 강하다'고 투덜대기도 한다. 그러다가 몇 년 지나 아이들 학부모 모임, 교회나 절 신자 모임, 기타 섹스폰 동호인 모임 등에 몇 번 참가하고부터는 '강릉은 참 인정 많은 곳이야'로 변하기도 한다. 그래서 강릉은 수 천 개의 계모임이 여전히 상존(尙存)한다.

많은 사람들은 도시 규모와 인구수에 비해 유난히 식당이 많고 카페가 많은 것이 관광객 때문이라고 알고 있지만 사실은 그 많은 영업장을 채우는 것은 강릉시민 즉, 계꾼들이다. 보통 한 사람이 월 7-8개의 정기 모임을 할 정도이니 더 말해 무엇하랴. 길을 지나가다 어쩌다 식당을 들여다 보면 낮에는 아줌마들이 잔뜩 차려 입고 빼빼하게 모여 공치사를 해 가며 계모임을 한다. 그녀들은 '우리 남편들은 구내식당에서 5천원 짜리 식사를 하는데 우리가 이렇게 몇 만원 짜리 점심에 4천원 짜리 커피를 마셔도 되나'라고 하며 습관성 자책들을 하곤 하지만 걱정하지 마시라. 저녁이 되면 남자들이 그 식당 그 자리에서 넥타이를 풀어헤치고 소주잔을 기울이며 친목을 도모하고 있을 것이니까.

이야기가 조금 빗나갔지만 어찌되었던 이런 계모임이 바탕이 되어 강릉은 유지되어 갔고, 그것은 향약에서 규정한 서로 인의있는 일을 권장하는 '덕업상권(德業相勸)'사로 잘못을 지적해 주는 '과실상규(過失相規)' 예의와 풍속으로 서로 교제하는 '예속상교(禮俗相交)' 재난이나 큰일을 당했을 때 서로 돕는 '환난상휼(患難相恤)'을 이미 실천하고 있었던 것이다.

금산리의 경우 임경당 김열 당주집의 '용물달기'를 통해 마을의 단합과 풍속을 유지해 나갔던 것이고 거기서 토지를 소유한 양반 가문은 지도적 역할을 했던 것이었을 것이다. 어느 마을이나 풍수지리상 터 좋은 곳에 옛날 기와집이 있고 그 집은 대개 진사댁이라 혹은 참봉댁 등으로 불리며 마을의 중심 기둥 역할을 했던 것이다. 조선의 사대부들이 단순히 중앙 권력만 탐하고 백성들을 오직 수탈의 대상으로만 여겼다는 기록은 일제 강점기 이후 자학적 사관을 지닌 친일 사학자들의 편향된 시각일 뿐이다. 교단(敎壇)을 장악한 일부 친일 사학세력들은 요즘 뉴 라이트라 스스로 부르며 '식민지 근대화론'을 펼치고 있다. 일제가 철도를 깔고 비료공장을 만들어 근대화를 이 땅에 이식했다고 주장하는 모양이지만 저들이 우리 민족을 수탈하고 각종 자원을 약탈해 전쟁물자로 쓰기 위한 목적이었다는 것을 그들은 애써 외면하고 있는 것이다. 설사 사는 형편이 조금 편리해 졌다고 하더라도 한글을 탄압하고 창씨개명을 강요하고 위안부로 끌고 가고 강제 징용으로 조선 젊은이들을 탄광과 비행장 건설에 몰아넣은 그들을 어찌 용서할 수 있다는 말인지 모르겠다. 경제적으로 조금 나아졌다고 그것을 발전 혹은 근대화라 부르는 것이야말로 자신 스스로를 먹을 것만 주면 그저 행복해 하는 개 돼지로 만드는 것이란 것을 어찌 모르는지 답답할 뿐이다. 아마도 그런 사람들의 부모들은 일제 하에 친일 행위를 통해 자녀들을 유복하게 길렀을 것이고 그런 혜택 속에서 미국 일본 유학을 다녀와 독재정권 하에서 관리로 일한 것이 자랑스러워 '더도 말고 덜도 말고 일제 때만 같아라' 하고 있는지도 모르겠다.

창녕 조씨 집안에서 오죽헌 시립박물관에 기증한 '정동향약계첩' 8점은 다른 지역 향약과 같이 '덕업상권, 과실상규, 예속상교, 환난상휼' 등 권장하는 내용과 함께 부인, 여성을 배려한 항목이 눈길을 끌고 있다. 강릉을 보수적인 도시라고 알고 있는 사람들이 많지만 그것은 6.25의 민간인 학살 이후 권력의 눈치를 보는 경향이 생긴 이후의 일일 뿐 실제로 강릉은 신라 이후 가장 진보적인 '일탈과 반항의 도시'였다. 150년 전의 '정동향약계첩'은 그런 시절 강릉을 보여주는 좋은 증거 자료이다. 신사임당과 허난설헌이 어디서 나왔겠는가. 조선의 다른 지역이라고 똑똑한 여자와 딸이 태어나지 않았겠는가. 그럼에도 불구하고 딸과 여인들에게 글을 가르치고 붓을 잡아 시(詩)서(書)화(畵)를 즐길 수 있는 환경을 조성해 준 것은 사임당의 아버지와 허난설헌의 아버지들이었을 것이다. 그리고 그런 문화적 풍토가 그런 위대한 여류 예술가를 배출한 풍토인 것이고 그런 곳이 바로 강릉이었다. 계첩에는 부모에게 순종하지 않은 자, 위세를 부리며 관청일을 어지럽히는 자, 친척과 화목하게 지내지 않는자에 대해 벌을 내리는 것은 물론 아내를 구박하거나 유부녀를 성폭행, 본부인을 소박한 자들에 대해서도 벌을 내리도록 되어 있다. 또한 춘추로 강좌가 열릴 때에는 여성들의 참여를 허용하며 한문을 읽지 못하는 여성들을 위해 한글로 풀어, 이해를 돕도록 했다. 즉 조선시대 이후 이런 양성 평등의 독특한 문화적 풍토가 이 곳에 있었던 것이다. 그래서 강릉 사람들은 남들이 보기에는 이상하리만치 고향에 대한 자존심과 자긍심이 충만한 것이다. 강원도 내에서 혈연, 학연 등을 유난히 따지고 서열과 양반 상놈을 유난히 따지는 단점이 강한 도시로 알려져 있지만 그런 것을 통해 나름의 연대감과 결속력을 갖는 것도 사실일 것이다.

조선시대에 편찬된 〈동국여지승람〉이나 〈동국세시기〉 〈택리지〉 〈용재총화〉 같은 인문지리서에도 이미 이런 강릉 사람들의 특성이 기록되어 있다. 강릉을 비판하는 사람들은 지리적으로 고립된 이곳 사람들이 살아남기 위해 상호부조 정신을 고취하고 향토사회의 질서 유지를 위해 그렇게 살아왔다는 사실을 간과하기 때문이다. 이것은 제주도 등 중앙으로부터 소외된 지역이 갖는 일반적 특성이기도 할 것이다. 만약 이쪽에서 큰 재난이 일어났을 때 중앙에서 그 소식을 듣고 회의(會議)하고 결재하고 구호품을 싣고 허위허위 달려온다고 한들 이미 이 곳 사람들은 모두 사라진 뒤일 것이다. 그러기에 자신들만의 독특한 살아남기 전략이 혈연 학연을 통하거나 계(契)를 만들어 상호부조하는 풍속으로 굳어진 것이라고 애써 변호하고 싶은 것이 강릉 사람인 필자의 마음이다.

강릉에는 먹고 마시는 모임의 계(契)만 있었던 것은 아니다. 과거시험에 합격했던 생원 진사들의 모임으로 시작해 후학양성과 우의를 목적으로 하던 모선계, 대관령으로 가로막혀 귀한 약재를 구하지 못했던 지역사람들의 위급한 의료 상황을 해결할 목적으로 13명의 선비들이 돈을 모아 의원과 약방의를 길러냈던 약국계, 흉년이 들면 종자용 볍씨까지 밥상에 올려야 했던 곤궁한 때 선비들이 십시일반 모아 종자를 제공하고 세금을 제 때 내지 못해 관청에 끌려가 고초를 겪은 이웃들을 위해 세금을 대신 내주기도 했다는 옥계의 금옥계 등 많은 역사와 전통의 계가 강릉에 지금까지 현존하고 있는 것이다. 비교적 최근 사례로는 강릉교대(현 강릉고)부지를 기부한 강릉의계가 있었고, 또 주문진의 대동계원들이 해변가의 대규모 토지를 희사하여 강원도립대학과 각종 중고등학교 사임당교육원이 들어서게 된 것도 바로 계원들의 고향사랑의 실천적 추진력 때문에 가능했던 것이다.

② 보광리와 보현사

이제는 대관령 구도로라고 불러야하는 옛 영동고속도로에서 어흘리 입구에서 보광천을 따라 난 성연로라는 낯선 도로를 따라가다 보면 보광리가 나타난다. 성연로라는 명명은 아마 성산면과 연곡면을 산중으로 연결하는 도로란 뜻인 모양이지만 낯설긴 한 이름이다. 그 길을 따라 올라가다 보면 보광1리 마을회관 앞에서 작은 개울을 건너 보현길로 접어들면 그 끝자락에 보현사(普賢寺)가 있다. 지금은 신도 수가 다소 줄었지만 불과 10여년 전만해도 초파일이되면 차량이 몰려들고 지역 국회의원과 시장님이 인사를 왔던 곳이건만, 듣자하니 지금은 아마도 그런 강릉의 중심사찰로서의 위치를 상실했다고 한다. 누군가 웃으면서 애길하길 절도 일종의 사업체인지라 주지의 비즈니스 마인드가 신도 수를 좌우한다고 말했다. 주지스님이 정치를 잘해야 절간 살림이 융성하고 시주도 많다는 우스개 소리가 정말 장난말이 아닌 모양이다.

앞의 구정면 학산리 굴산사편에서 다소 장황하게 사굴산파의 본산 사찰이었던 굴산사와 그 굴산사의 창업주인 범일국사와 중국 선종(禪宗)과의 관계, 그리고 그것이 신라사회를 거쳐 고려시대, 그리고 조선시대 한국 불교에서 어떤 역할을 했는가를 설명했다. 즉 지금은 강릉단오제 주신(主神)인 범일국사(梵日國師)가 신라 문성왕 13년(851)에 창건한 굴산사는 신라 하대를 대표하는 선종 9개 종파인 9산 선문(九山禪門) 중에서도 사굴산문 본산이었다. 범일은 831년에 당에 가서 마조의 제자인 염관 제안(鹽官齊安)의 선법을 전해 받고 847년에 귀국하여 강릉 사굴산에 굴산사(崛山寺)를 창건하고 40여 년 동안 머물면서 사굴산문(闍崛山門)을 형성했다. 그의 제자

행적(行寂, 832~916)은 870년에 당에 가서 석두 희천 문하인 석상 경저(石霜慶諸)의 선법을 전해 받고 885년에 귀국했다.

〈보현사 대웅보전과 그 앞의 아미타삼존불 조상〉

보현사는 650년(진덕여왕 4)에 자장율사(慈藏律師)가 처음 세운 사찰로 알려져 있으며, 후에 낭원대사(朗圓大師)에 의해 다시 지어졌고 지장선원(地藏禪院)으로 이름이 바뀌었다.

낭원대사의 속성은 기씨이고 이름은 개청(介淸)이며 신라 흥덕왕 9년(834년)에 태어났다. 13세에 화엄사(華嚴寺)에서 정행법사(正行法師)에 의해 승려가 되고 통효대사(通曉大師) 범일(梵日)의 제자가 되었으며, 고려 태조 13년(930년) 96세로 이 곳 보현사에서 입적하셨다. 태조는 시호를 낭원(朗圓)이라 하고 탑명을 오진(悟眞)이라 하사했다.

현재의 건물은 조선 후기에 세운 것으로 3단의 장대석(네모지고 긴 석재로 기단에 가로로 길게 놓은 돌) 기단을 설치하고 막돌 덤벙 초석을 기둥이 미끄러지지 않게 하기 위하여 정교하게 그레질한 후, 둥근 기둥을 세웠다. 정면 3간, 측면 3간의 다포 양식이며, 겹처마 팔작지붕 건물이다. 경내에는 낭원대사의 사리탑인 낭원대사오진탑(보물)과 낭원대사오진탑비(보물)가 있어 이 사찰의 역사적 가치를 말해 주고 있다.

〈보현사 낭원대사 승탑〉

　보현사에 있는 고려전기 낭원대사 개청의 사리를 봉안한 승탑은 1963년 보물로 지정되었다. 높이는 2.5m 정도로 신라 말 고려 초의 고승인 낭원대사(朗圓大師) 개청(開淸)의 사리탑으로, 탑비가 세워진 940년(태조 23)경에 조성된 것으로 보여진다. 탑의 형식은 팔각원당형(八角圓堂形)으로 일찍이 붕괴되었던 것을 재건하였다. 이 때 이미 중대석(中臺石)이 없어졌고, 1976년에 사찰에서 임의로 현재의 위치로 옮겨 놓았다. 지면의 넓은 8각 지대석(地臺石)위에 오똑한 8

각 하대석(下臺石)이 놓였는데, 하대석 밑에 높은 받침이 있어 각 모퉁이에 우주(隅柱 : 모서리 기둥)가 표현되었으며, 위에는 중엽복련(重葉覆蓮)이 새겨져 있고 중앙에는 1단의 얕은 굄이 있다. 이 위에는 중대석이 놓여 있고 상대석은 원형이며 중엽의 앙련(仰蓮)이 도둘새김으로 조각되었다. 탑신석(塔身石)은 8각이고 우주형이 모각되었으며, 그 중 한면에는 문비형(門扉形)과 자물쇠가 조각되었다. 옥개석(屋蓋石)은 높고 추녀 밑에 반전(反轉)이 있다. 낙수면은 경사가 급하고 추녀 위에는 각각 귀꽃이 있었던 것으로 보이나 현재는 손상되었다. 옥개석 위에는 복발(覆鉢)과 보개(寶蓋) · 보주(寶珠)의 순으로 상륜(相輪)이 얹혀 있는데, 보개는 옥개석을 축소한 형식이고 보주는 화염보주의 형태이지만 보주는 표현되지 않았고, 밑에는 앙련이 조각되었다.

〈16나한도가 보존되었던 보현사 영산전〉

또 보현사 영산전(靈山殿)에는 1882년에 제작한 십육나한도(十六羅漢圖)가 봉안되어 있었다고 하나 나는 실제로 친견한 적은 없다. 무명 바탕에 채색으로 된 세로 99.2㎝, 가로 193㎝의 그림이며 현재는 월정사 성보박물관이 소장하고 있어 필자는 보지 못하였던 것으로 보인다. 불교 이론에 의하면 십육나한은 깨달음을 얻어 아라한과(阿羅漢果)에 이르렀으나 미륵(彌勒)이 올 때까지 열반(涅槃)에 들기를 미룬 채 이 땅에 남아 불법을 수호하고 중생을 이롭게 하는 소임을 맡은 16명의 불제자이다. 나한은 십육나한, 십팔나한, 오백나한으로 무리를 이루어 신앙화되는데, 그 중 16나한은 나한의 성격이 가장 집약되어 있는 구성이라 할 수 있으며 보현사 십육나한도는 16나한의 특성이 잘 반영된 조선 말기의 대표적인 작품으로 현재 두 폭만이 남아 있다고 한다. 한 폭은 깊은 산 속, 폭포에서 흘러내린 물로 둘러싸인 암석 위에 다섯 명의 나한이 서 있거나 앉아 있는 모습으로 묘사되었고 이들은 모두 동일한 곳을 바라보고 있는데, 그 곳에서는 용이 솟아나오고 있으며 이를 나한들이 호리병 안으로 불러들이고 있는 광경이라고 한다. 나한은 가뭄에 비를 내릴 수 있는 신통력을 가지는데, 이 그림에서는 이러한 나한의 신통력을 물과 밀접한 연관이 있는 용을 부르는 모습으로 표현하였다고 한다. 다른 한 폭은 화면 중앙에 턱을 괴고 몸을 웅크린 채 앉아 있는 나한을 중심으로 좌측에는 두 명의 나한이 앉아 경전을 보면서 이야기를 나누고 있으며 우측에는 또 다른 두 명의 나한이 서로 마주 서서 이야기를 나누는 모습으로 묘사되었다고 한다. 경전을 읽고 있는 존자들의 뒤에는 시자(侍者)가 나한이 부른 용을 호리병으로 유인하고 있으며 동자가 놀란 표정으로 이를 바라보고 있다고 한다. 이 그림은 유명한 불화승(佛畵僧)이자 석왕사 주지를 지닌 석옹당 철유(石翁堂 喆侑)가 주관하여 그렸고 밑그림은 축연(竺衍)과 철유가 나누어 그렸으며 완형(玩炯), 인휴(仁休) 등 도 동참하였다. 철유와 축연은 근대기의 대표적인 화사(畵師)인데, 이 그림은 그들이 화업 초기 화풍을 형성하던 시기에 그린 대표적 작품으로 알려져 있다.

보현사 십육나한도는 한 화면에 등장하는 여러 존자들이 유기적 으로 무리를 이루는 소위 '군집(群集) 구도'를 취하고 있어 조선 시대 십육나한도가 대부분 존자들을 개별적으로 표현했던 것과 비 교해 상당히 다른 양상을 보이는 작품이라고 한다. 이러한 화면 구 성 방식은 이후 문경 김룡사 십육나한도(1888), 대구 은해사 백홍암 십육나한도(1897), 해남 대흥사 십육나한도(1901) 등 근대 조선조 말 의 불화의 특징으로 계승된다.

십육나한을 비롯하여 권속과 산수, 경물 모두 표현이 사실적이며 서양화법 중 음영법이 적극적으로 수용되어 있어 근대기 불화의 양 상을 파악하는데 중요한 의미를 지닌다고 하며 조선 말기 십육나한 도 중 화면 구성과 표현에서 개성이 매우 두드러지게 나타나는 작 품인 동시에 근대기의 대표적 불화로 의의가 크다고 한다.

한편 보현사 입구의 〈보현사 낭원대사 오진탑비〉는 높이 188 cm, 너비 98cm, 두께 20cm로 통일신라 말 사굴산문의 선승인 낭원대 사(朗圓大師)의 탑이다. 대사가 96세로 입적하자 고려 태조는 낭원 대사(朗圓大師)라는 시호와 오진(悟眞)이라는 탑명을 내렸고 대사가 입적한 10년 뒤인 940년(태조 23)에 비가 건립되었다. 보현사는 통 일신라 때 지장선원(地藏禪院)으로 비의 원명은 '고려국명주보현산 지장선원낭원대사오진탑비(高麗國溟州普賢山地藏禪院朗圓大師悟眞

塔碑)'이다. 비문에는 대사의 출생에서부터 경애왕이 대사의 덕을 기려 국사로 예우한 사실 및 입적하기까지 그의 행적이 실려 있다. 비문은 당대의 문장가인 최언위(崔彦撝)가 짓고 구족달(仇足達)이 쓰고 임문윤(任文伊)이 새겼다.

문장을 지은 최언위는 최치원, 최승우와 함께 신라 3최로 불리는 인물로 일찍이 왕건에게 넘어가 견훤에게 보내는 국서(國書)를 쓰는 등 고려 조정에서 크게 우대받았던 인물이고, 구족달은 라말려초의 대가로 이 비문 이외에도 충주(忠州)의 〈정토사 법경대사비자등탑비〉, 곡성(谷城)의 〈대안사 광지대사 탑비〉에 글씨가 남겨져 있다. 글씨는 2㎝ 정도의 해서로 전체적으로 당시 유행하던 해서(楷書)의 대가인 당나라 구양순풍이지만 구양순의 글씨는 가로획이 대체로 우상향인 반면 구족달의 글씨는 평세를 취하고 있다. 또 가로획의 기필(起筆)과 수필(收筆), 전절(轉折) 부분이 구양순의 글씨보다 날카롭고 각이 져서 구족달의 예리한 필세를 느낄 수 있다. 최언위, 구족달의 두 대가(大家)가 글을 짓고 글씨를 썼다는 것은 보현사의 낭원대사가 어느 정도의 주요한 인물인지를 보여주는 또 다른 증거가 될 것이다.

귀부(龜趺)·비신(碑身)·이수(螭首) 모두 완전하다. 귀부의 귀두(龜頭)는 통일신라 말기 선사비와 같이 용두로 되어있는데 다른 비와는 달리 이수에 제액(題額)이 없다.

〈보현사 낭원대사 오진탑비〉

이수의 쌍룡은 보주를 다투듯 힘차게 투각되어 있으며, 이수 중앙에는 엎어놓은 그릇 모양인 복발(覆鉢)과 1단의 상륜(上輪) 및 화염에 쌓인 보주가 잘 남아 있다.

이 비의 비문 속에는 강릉의 당시 역사가 기록되어 있다. 이 비는 원래 930년에 사망한 사굴산문의 고승 낭원대사 개청(開淸)을 기리기 위해 세워진 것인데, 여기서 당시 강릉의 주인격이었던 왕순식은 "당주군주사 태광 왕공 순식(當州軍州事太匡王公荀息)"이라는 이름으로 등장한다.

비문은 〈亦有知當州軍州事太匡王公荀息鳳毛演慶龍額呈祥 (중략) 此際太匡齊携僚佐直赴禪關共陳列賀之儀皆罄羣黎之慶況復隣州比縣典郡居官冠盖相望道途不絶〉으로 번역하면

또한 당주군주사(當州軍州事)인 태광(太匡) 왕공순식(王公荀息, 왕순식)이 봉모(鳳毛)로써 경사스러움을 나타냈고, 용액(龍額)으로는 상서로움을 드러냈다. (중략) 이 때에 태광(太匡, 왕순식)이 요좌(僚佐)를 거느리고 스님이 계시는 선관(禪關)으로 찾아가 함께 경하(慶賀)하는 예의를 베풀었으니, 이는 군려(群黎)의 경하를 극진히 한 것이거늘, 하물며 인주(隣州)와 비현(比縣)의 관속(官屬)들이 방문차 왕래하는 관개(冠盖)가 길로 이어져 끊어지지 아니함에 비유할 것인가.

당주(當州)는 곧 강릉을 중심으로 영동지방을 가리키는 신라 구주 중의 하나인 명주(溟州)를 말하는 것이 분명하다. 비문에 등장하는 왕순식은 개청의 후원자였던 것으로 보이며, 신라 경애왕이 개청을 초빙하자 몸소 수하들을 거느리고 그를 찾아가 축하를 드리기도 하

였다. 그가 당시의 여러 호족들이 그러했듯이 선종 승려들을 후원하고 있었으며 또한 그가 명주의 "군주사(軍州事)"를 칭할 정도로 유력한 호족이었다는 점 만큼은 미루어 짐작할 수 있다.

왕순식이 과연 속설대로 명주군왕 김주원의 정통 후계자로 강릉 김씨 성을 버리고 왕씨 성을 하사받았는지에 대해서는 이설(異說)이 많다. 어떤 설에는 김순식이 왕건에 귀부한 뒤 왕씨 성을 하사받고 권세를 누리다가 조선 왕조가 수립되어 왕씨를 탄압하자 "아니래요, 난 원래 왕씨가 아니고 강릉 김씨래요" 하고 다시 김씨로 돌아와 왕김파라 불린다고도 한다. 자기의 성을 버리고 남의 성을 취했다는 것이 부끄러운지 강릉 김씨들은 이 이야기를 대체로 부인하지만 그것은 조선식 유교적 발상이지 사실 고려시대에 성(姓)이란 그리 견고하고 중요한 것은 아니었을 것이다. 이름도 성도 없던 청년 중산(中山)이 태조 왕건 앞에서 신출귀몰한 활 솜씨를 자랑한 뒤 평산 신(申)씨의 시조 신숭겸(申崇謙)이 되어 왕조에 충신으로 남았다던가, 경북 북부에서 왕건을 도운 3명의 호족들이 삼태사(三太師)로 불리며 각각 안동 김씨 장씨 권씨를 열었으며 게다가 안동 권씨의 시조인 김행(金幸)은 원래 김알지의 후손이나 권씨 성을 하사받아 권씨가 되었다던가 하는 사례는 얼마든지 있다. 강릉 김씨들은 오히려 신라 말에 경주 권력에 저항하여 스스로를 "강릉의 김씨"로 정체성을 부여하여 우리나라 최초의 관향(貫鄕) 의식을 갖게 하였다던가, 아니면 1476년에 나온 안동 권씨 성화보(成化譜), 1562년에 간행된 문화 유씨 가정보(嘉靖譜)에 이어 우리나 족보 사상 세 번 째로 오래된 1565년에 나온 을축보(乙丑譜)를 자랑하는 편이 나을 것이다.

보현사는 신라시대의 굴산사를 이어 고려시대에 강릉지방의 불교문화를 선도한 사찰이었으나 대부분의 사찰이 조선조에 들어서 규모가 위축되거나 폐사가 되는 상황에서도 여전히 존속했다. 그 이유는 아마 여러 가지가 있겠으나 짐작컨대 그 독특한 지리적 위치와 관계 깊을 것이다. 우리가 보통 절을 말할 때 사(寺) 혹은 사원(寺院)이라고 혼용해 사용하는데 사실 둘은 조금 다르다고 한다. 사(寺)는 문자 그대로 스님들이 모여 불도를 닦는 사찰(寺刹)만을 의미하지만, 뒤에 한 글자가 더 붙어 사원(寺院)이 되면 사찰의 기능에 숙소(宿所)의 기능이 첨부된다고 한다. 즉 보현사는 일종의 사원으로서의 기능을 하여 불교에 대해 비우호적이었던 조선 조정에서도 없앨 수 있는 여건이 아니었다는 것이다. 아시다시피 과거 오솔길로 다니던 시절 도보로 대관령을 넘을 경우 하루에 산령(山嶺)을 주파하기는 매우 어려웠을 것이다. 서울길을 오고갈 때 아무리 새벽녘에 출발한다고 하더라도 산 속의 밤은 수이 어두워지고 곳곳에서 짐승들의 울음소리가 들리는 상황에서 중간쯤에 유일하게 불빛을 밝히고 있는 보현사가 나그네들에겐 얼마나 소중한 존재였겠는가. 비록 요사채에서 융숭한 대접을 받진 못하더라도 그 경내에서 호환(虎患)의 공포로부터 벗어나는 것만으로도 과객들에게 더 할 수 없는 고마운 장소였을 것이다. 그런 점에서 보현사는 여전히 존재의 이유가 있었을 것이고 그런 사정을 아는 조정이나 강릉부에서도 차마 보현사에 대해 이러쿵저러쿵하지 못했을 것이고 이런 지리적 위치와 그에 따른 사회적 기능이 보현사를 오래된 사원으로 남게 하였을 것이다. 보현사 담 옆에 서서 강릉시내를 내려다보면 한 눈에 시가지가 펼쳐진다. 이런 풍경은 바로 이 곳이 대관령 중턱의 절묘한 위치에 자리잡고 있음을 잘 보여준다. 어쩌면 바다로부터 갖가지 재난이 들이닥쳤을 때, 즉 왜구(倭寇)의 습격이나 나 해일(海溢)

등이 생겼을 때 강릉 백성들이 가쁜 숨을 헐떡이며 몰려와 놀란 가슴을 진정하며 부처님에게 무사 안녕을 빌던 안식처 기도처이기도 할 것이다.

〈보현사 경내에서 바라본 강릉시〉

〈보현사 경내의 화광동진(和光同塵)비와 평상심시도(平常心是道) 비〉

보현사 경내에 근래에 세운 듯한 글자가 새겨진 두 비석 화광동진(和光同塵)비와 평상심시도(平常心是道) 비도 그런 점에서 예사롭지 않다. 두 글 모두 내용적으로 대중과 함께 가겠다는 의도로 해석되는 바 이것은 굴산사에서부터 이어지는 대승불교적 전통을 이어가자는 다짐과 구호로 보인다. 경내를 돌아보면서 필자의 눈에 띈 시설 하나는 쓰레기 소각장이다.
　다른 사람의 눈에는 제법 장식미가 돋보이는 소각장 정도로 보이지만 중국 문화를 조금은 알고 있는 필자에게 이 소각장의 모습은 범상치 않게 보인다. 그것은 중국 주자학의 탄생 시기인 송(宋)나라 시대의 모습을 지니고 있다.

〈보현사 경내의 쓰레기 소각장〉

쓰레기 소각장에 제단까지 마련한 스님들의 깊은 뜻이 어떤 불교적 함의(含意)를 가지고 있는가를 잘 모르겠지만 이 모습은 중국 강남 일부 지역의 오래된 마을에 지금도 남아있는 송나라때 사용하던 스즈루(惜字樓)라는 시설과 닮아 있다. 이 시설은 일종의 소각장으로 마을 아이들이 습작기에 쓴 글씨들을 모아 애석한 마음을 담아 종이만 태우는 시설이다. 이런 것을 통해 송나라가 문자(文字)라는 것 자체를 얼마나 소중히 생각했는가를 미루어 알 수 있다. 나아가 그런 성리학적 영향을 강하게 받은 조선 땅에서 비록 사찰이나마 이런 시설을 했다는 것은 이 절이 영동지방의 인재 양성에 기여한 바가 있음을 시사해 주는 증거가 되는 시설일 것이다. 동시에 여기에 이런 시설을 만들어 놓았다는 것은 아마 이 보현사에 달린 부대 시설에서 강릉지방의 젊은 인재들이 옛날에는 과거시험 공부, 근현대에는 고시공부를 하며 합격을 기원했던 장치로 보인다. 강릉지방에는 일종의 미신 같은 그러한 '공부 잘하는 비법 혹은 장치 혹은 음식'에 관한 이야기가 많은 편이다. 어린 시절 필자도 시루에 떡이라도 찌는 날에는 시루밑의 동그란 밑받침을 받아 먹으며 '그거 먹었으니 공부 잘해야 한다'는 유난스런 격려를 받은 적도 있었다.

성산면의 면소재지와 초등학교가 위치하고 있는 마을이 구산리인데 원래 이 마을은 대관령을 내려온 '서울 소식'이 한숨 돌리는 곳으로 원래는 강릉 대창리(大昌里)로 이어지는 역(驛)이 있던 마을이다. 다소 보수적이었던 필자의 부친은 이 구산 사람들을 '역촌 것들'이라며 까닭없이 한 수 아래로 보곤 하셨었는데 아마도 과거 조선시대에 역촌에 근무하던 사람들을 '역졸(驛卒)'이라 하여 양민보다 한 수 아래로 보던 폐습에서 온 것으로 보인다. 역(驛)이 있었다는 것은 그곳이 바로 교통요지였다는 것을 의미하는 바 실제로 새로운 대관령 관통 고속도로가 생기기 전까지는 구 영동고속도로가 이 구산리를 통과하여 강릉으로 진입했고 그래서 이 마을은 휴게소나 식당이 많이 있어 먹거리촌을 이루고 있었다.

김기설 선생이 지은 〈강릉의 지명유래〉란 책에는 구산이란 이름은 중국 노나라 때 공자의 어머니가 이구산에 가서 치성을 드리고 공자를 낳아 공자의 이름이 구(丘)인데 이곳이 공자의 어머니가 치성을 드린 이구산과 비슷하게 생겨 이구산이라 했다가 그 후 니(尼)자를 떼내고 그냥 구산(丘山)이라 하다가 성현의 이름(공자의 이름이 丘)은 함부로 쓰지 않고, 부르지도 않는다고 하여 구(丘) 자와 음이 같은 구(邱) 자를 써서 구산(邱山)이라 했다고 씌어 있다. 강릉지역에는 이런 중국 지명 갖다 붙이기가 너무 많아 일일이 거론하기 힘들 지경이다. 사실 강릉이란 지명 자체도 중국에서 따 온 지명임에랴. 그나마 제대로 흉내라도 내면 다행이다. 예를 들면 우리나라 성균관이나 각종 지역의 향교나 명륜당에 가면 반드시 심어 놓은 나무가 은행나무이다. 그래서 은행나무는 유교적 교육기관의 상징적 존재이고 성균관대학교는 은행잎을 학교 상징물로 삼고 있기도 하다. 그런데 이 은행나무 심기의 유래는 공자가 만년에 고향인 곡부(曲阜)에 돌아가 학당을 열었는데 그 곳의 나무 이름을 따서 행단(杏壇)이라 했다는 데서 온 것이다. 년전에 막상 그 장소에 가보니 행단은 맞는데 아뿔싸 그 앞의 나무는 은행나무가 아니고 살구나무였다. 그냥 행(杏)이란 글자에서 무조건 은행나무를 생각한 '잘 모르고 저지른 오류'의 사례인데 지명(地名)에도 이러한 사례가 곳곳에서 발견된다. 일종의 조선식 문화사대주의의 소산일 것이다.

보광리(普光里)란 이 지역의 지명은 보현사에서 온 이름인지 아니면 보광불(普光佛)을 그리는 마음에서 온 것인지는 모르겠으나 금산 뒷마을인 관음리(觀音里)와 함께 불교적 냄새가 물씬 나는 이름이기는 하다. 어릴 때는 그냥 '보겡이'라고 불렀었다. 어릴 때 이웃집에 이 곳에서 시집온 할머니가 사셨는데 그 집 택호가 보겡이집이었다. 우리 어머니는 밀갈기를 쓱쓱 홍두깨로 밀어 칼국수도 잘 만들고, 보리쌀을 넣어 막장도 잘 담그고, 술도 잘 담그고, 감자를 썩여 송편도 잘 만들고, 침감도 잘 담그는 등 살림꾼이셨는데 유독 시루떡을 찌는 데는 취약했다. 솥 위에다 시루를 걸고 밑에 발을 받치고 조심 조심 쌀가루와 팥가루를 펴고 시루와 솥 사이를 밀가루로 메운 뒤, 조심조심 불을 지피기 시작했는데 시루에서 나온 떡은 늘 진떡진떡한 부분, 덜 익은 부분, 아예 증기가 닿지도 않은 부분 등이 생기곤 했었다. 정성이 부족해서 시루떡이 설었다고 두 손 모아 빌기도 해 보았으나 늘 그 모양이라 마지막엔 결국 보겡이집 할머니가 와서 해결해 주시곤 했다. 별 특별한 비법도 없이 문제를 대하는 그 할머니를 어머니는 보살 대하듯 했었다. 아마 어린 시절부터 보현사 절 일을 많이 도운 경력이 있어서 그런 모양이었다.

③ 삼왕리와 명주군왕릉

 이 보광리에서 성연로라는 길을 타고 가다가 왼쪽으로 삼왕길로 접어들어 안쪽으로 조금 더 밀고 올라가면 그 끝자락에 삼왕리란 마을이 있고 그 마을에 명주군왕릉이 있다. 명주군왕으로 봉해진 김주원과 그의 지위를 세습한 두 아들의 무덤이 있어 3명의 왕이 묻혀 있다고 하여 동네 이름마저 삼왕이 되었다고 한다. 사실 왕이 아니기에 능(陵)이라는 명칭을 공식적으로 쓸 수는 없지만 강릉에서는 통칭 명주군왕릉이라 칭한다. 그리고 그 곳은 강릉의 최고 대성(大姓)인 강릉 김씨의 본거지이기도 하다.

〈삼왕리의 명주군왕릉묘〉

 강릉 김씨 대종회에서는 요즘 매년 음력 4월 20일 명주군왕을 위한 능향대제를 지낼 때에 개런티가 비싼 국악연주단체까지 불러 제례악(祭禮樂)을 연주하는 등 야단법석을 하며 대규모의 제사를 지내며 명주군왕의 후손임을 과시하지만 사실 그것은 최근 들어 시작한 보여주기식 요소가 강하다. 기록에 의하면 이 곳 삼왕리 산골짝에 김주원의 무덤을 조성한 뒤 천 여년 동안 돌보지 않다가 나중에야 조상의 묘를 찾아 헤매다가 거듭 실패하였다는 기록이 있다. 그러다가 명종(明宗) 임금 때인 1563년에 강릉부사로 취임한 김첨경(金添慶)이란 후손이 이 곳을 찾아 다시 무너진 능을 축조하고 제사를 모셨다는 기록이 남아 있다. 아울러 명주군왕을 시조로 하는 강릉 김씨의 족보 을축보(乙丑譜)도 1565년에 만들어 말로만 전해지던 씨족의 체계를 수립한 것으로 보인다. 심지어는 이 때 잃어버린 명주군왕의 무덤을 찾고 너무 좋아 춤을 추었다는 무실(舞谷)이란 지명도 있을 정도이다.

명주군왕 김주원과 강릉에 관한 얘기는 강릉지방에 무수하게 많이 전래되어 오지만 오늘 날의 역사적 시선으로 살펴보면 한 20% 정도의 fact와 80% 정도의 fiction이 뒤섞여 있어, 어디까지가 사실이고 어디까지가 꾸며낸 얘기인지 모를 정도로 뒤섞여 있다고 보면 될 듯하다. 사실적으로 말하면 사서(史書)의 기록도 다 믿을 수는 없다.

만약 누가 나에게 fact check를 해 보라고 한다면 다음과 같이 말하겠다.

김주원은 태종 무열왕의 셋째 아들 김문왕의 5대손으로 각간(角干) 유정(惟靖)의 아들이다. 혜공왕(惠恭王) 때 이찬(伊湌)으로 시중(侍中)에 임명되었으나 혜공왕이 살해되고 선덕왕(宣德王)이 즉위하자 물러났다. 그러나 그 뒤에도 병부령(兵部令)을 지낸 것으로 보아 무열왕계열을 대표한 인물로 보인다. 785년 선덕왕이 후사없이 죽자 후계 자리를 놓고 계승 다툼이 벌어졌는데 명분상 김주원이 가장 후계자가 될 확률이 높았으나 내물왕의 후손인 상대등(上大等) 김경신(金敬信)이 쿠데타에 가까운 방식으로 선수를 쳐 화백회의를 열어 왕위를 차지해 버렸다. 귀족들 대부분이 현실 권력을 인정하고 추인하는 사태에 이르자 김주원은 어쩔 수 없이 새 임금 원성왕(元聖王)에게 축하 인사를 하고 물러났다. 그 후 자의반 타의반으로 자신의 장원(莊園)이 있던 명주로 물러가니 원성왕은 그곳의 조세권을 그가 행사하는 것을 묵인하였다. 김주원은 이를 기반으로 지방 귀족화해 중앙과 대립하는 독자적인 세력을 형성하였다. 그리하여 '명주군왕(溟州郡王)'으로 칭해졌으며, 나중에 강릉 김씨의 시조가 되었다. 그 뒤 명주(溟州)의 도독(都督) 혹은 태수(太守)의 지위는 대대로 그의 후손에게 세습되었는데, 이들은 신라 말까지 반독립적인 지방 호족 세력으로 남아 있었다. 후삼국시대 명주 지방의 대표적인 호족으로 태조로부터 왕씨를 사성(賜姓) 받았던 김예(金乂) 김순식(金順式)도 그의 후손으로 보인다. 그의 자손들 가운데는 그가 강릉으로 퇴거한 뒤에도 장남 김종기(金宗基), 차남 김헌창(金憲昌), 범문(梵文) 부자처럼 계속 중앙에 남아 활약한 사람들도 있었다. 특히 차남 김헌창은 구 백제지역의 도독을 지내던 중 조상의 억울함을 명분으로 조정에 반란을 일으키기도 했다. 신라의 패망(敗亡)을 알리는 신호탄이었던 그 반란은 조정에 의해 곧 진압되었고 헌창의 아들 범문이 다시 봉기했으나 그 결과 또한 미미했다. 이 때 명주에 기반한 김주원의 본진 세력은 의심을 눈길을 보내는 조정에 '우리 강릉의 김씨들은 그들 반란 세력과 무관하다'며 이 반란과 일정한 거리를 두었고 그런 새로운 정체성으로 온전히 살아남을 수 있었던 것으로 보인다. 그 후 이들은 강릉 김씨의 가계(家系)를 이루어 굴산사(崛山寺)의 사굴산파(闍堀山派)를 적극적으로 지원하는 등 지방호족으로 성장해 나갔다. 그의 가문은 고려 초 새로운 왕조에 귀부해 공을 세움으로써 강력한 호족 세력으로 등장하게 되었다.

기타의 김주원의 아버지 유정이 무월랑이란 이름으로 강릉에 수련차 왔다가 그 곳 박씨 가문의 연화(蓮花)란 아가씨와 눈이 맞아 잉어의 주선으로 마침내 결혼했다는 월화정 이야기나 갑작스런 홍수로 북천(北川)의 물이 불어 김주원이 건너지 못해 왕위 다툼에서 밀려났다는 이야기나 강릉으로 온 김주원이 조정으로부터 명주군왕으로 제수되었다든가 하는 이야기는 공식적으로는 확인하기 힘든, 만들어진 이야기일 가능성이 높다고 보아야 할 것이다.

뉴우턴의 사과 이야기나 갈릴레이의 피사 사탑 이야기처럼 원래 위대한 인물과 관련된 일화에는 많은 가공된 이야기들이 사후(事後)에 첨부되기 마련이니 그저 재미로 즐겨도 좋을 듯하다.

<동국여지승람>에서는 김주원이 명주로 올 때 최, 박, 함, 곽씨 성을 가진 측근들이 함께 따라와서 모두가 강릉을 본관으로 삼아 그들에 의해 이 지역의 5대 토착 성씨가 탄생 되었다고 기록하고

있으나 그 또한 그리 믿을만한 것이 못될 것이다. 물론 각 문중의 입장은 모두 다를 수 있으니 그들의 관향(貫鄕)을 수립한 소위 중시조(中始祖)들은 대개 고려 말기의 인물들이기 때문이다. 현재는 주민 구성으로 보면 강릉 최씨가 가장 많은 데 그 까닭은 최씨는 강릉군(江陵君) 혹은 동원군(東原君)으로 봉(封)해진 분이 3명이나 되기 때문이다. 그래서 강릉 최씨들은 동성동본(同姓同本)의 결혼이 금지되었던 시기에도 족보(族譜)를 제출하여 다른 파(派)임을 입증하면 혼인 신고를 할 수 있기도 했다.

그러나 저러나 이 삼왕리의 명주군왕릉은 강릉 지역의 중심세력이었던 강릉 김씨가 족벌을 이루고 명주 지방을 이끌어온 정신적 고향인 것만은 사실이다. 왕위 계승 다툼에서 억울하게 밀려났다는 그들의 신라 조정에 대한 불만은 내내 이 지방의 중심 정서를 이루었을 것이고 그 결과 후삼국시대에 이르러 어느 지역보다 먼저 궁예와 왕건의 세력과 결탁하여 경주(慶州)의 조정에 대항하는 정신적 밑바탕이 되었을 것이다.

나는 개인적으로 이러한 중앙권력에 대한 저항의식은 적어도 6.25 사변 이전까지의 강릉 정서의 중심축이었다고 본다. 중앙과 무관하게 놀았던 독립적 정서가 신사임당과 허난설헌 같은 여류 명사들을 배출한 문화사회적 배경이며 해방 이후 혼란기에 몽양 여운형 같은 중도 좌파적 인물을 수용하고 미군정의 통치를 한동안 거부한 배경이었다고 본다. 물론 그 과정에서 좌우 혼란과 민간인 학살을 거치며 중앙권력을 추종하는 지역으로 변신했지만 적어도 그전까지는 독자적인 정치인식을 가진 지역이었다는 것이다. 해방 전의 대구시나 십 여년 전의 제주도가 그러했던 것처럼 말이다.

마지막으로 언급하고 넘어갈 것은 강릉 김씨가 과연 신라말 후삼국 시대에 어떤 처신을 했는가에 관한 문제이다. 지금까지 알려진 바로는 명주의 장군(將軍)이라 불렸던 순식(順式)이 태조 왕건에게 귀부하여 같은 명주 호족인 김예(金乂)와 함께 견훤 토벌전에 참전했다는 것이다. 그리고 순식이 김예와 함께 왕씨 성을 사성(賜姓) 받고 김예(金乂)의 딸이 왕건의 스물 몇 번 째 아내가 되는 혼인 동맹을 맺었다는 이야기이다. 들려오는 이야기로는 애초에 강릉은 강력한 반신라 세력이었던 궁예에게 항복했고 궁예가 왕건세력에게 권력을 찬탈당한 이후에도 그 충성심을 버리지 않아 왕건에게 두통거리가 되었었다고 한다. 대규모 병력을 출동시켜 진압하자니 거리도 멀고 또 그런 병력을 투입할만한 가치가 있는 지역도 아니고 여론도 좋지 않고 하여 마치 강릉을 계륵(鷄肋)처럼 여겼다고 한다. 그러다가 협상단이 강릉으로 와서 몇 가지 조건을 걸고 귀순을 받는 것으로 했다고 한다. 그래서인지 고려 개창(開創) 이후 강릉은 그 규모에 비해 조정으로부터 다소 과분한 대우를 받았고 려말선초의 정권교체기에 고려에 대한 일편단심을 유지한 선비들이 많았고 그들에 의해 앞서 구정면편에서 얘기한 왕고개, 장안재, 어단(御壇), 단경(壇京) 등의 고사가 생긴 것으로 보인다.

강릉 김씨와 고려 왕조에 관한 공식적인 기록으로는 〈고려사〉가 있다. 92권 열전 왕순식편에 다음과 같은 짧은 기록이 남아 있다.

王順式, 溟州人. 爲本州將軍, 久不服, 太祖患之.
왕순식(王順式)은 명주(溟州) 사람이다. 본주(本州, 명주)의 장군으로서 오래도록 항복하지 않자, 태조가 이를 근심하였다.

왕건이 궁예로부터 권력을 탈취하여 일종의 호족연합정권을 수립했을 때 곧바로 왕건을 지지하지 않았던 호족들이 곳곳에 있었을 것이고 애초 궁예에게 귀부했던 명주호족들도 그러한 상황이었을 것이다. 당시 명주에는 왕순식 외에도 여러 호족들이 공존하고 있었던 것으로 짐작된다. 다만 그 가운데 가장 유력했던 인물은 왕순식이었을 것이다. 당시의 많은 호족들이 그렇듯이, 왕순식 또한 기록의 부재로 인하여 그 행적을 명확히 알 수는 없지만 그가 명주를 대표하는 호족으로 기록되어 있고 더구나 장군(將軍)이란 이름으로 불린 것을 보면 이 곳 최대의 세력인 강릉 김씨, 더구나 당시 일종의 군사집단적 성격을 지녔던 최대의 사찰인 굴산사의 승병(僧兵)들을 통제할 수 있는 위치에 있었던 인물로 보인다. 그러나 몇몇 단편적인 기록에 보이는 왕순식의 행적은 여러모로 흥미로운 점이 많다.

　그는 오랫동안 고려에 항복하지 않아서 왕건에게는 큰 골칫거리였을 것이다. 아직 막강한 라이벌인 후백제왕 견훤의 세력이 건재하였고, 왕건이 쿠데타를 일으킨 반동으로 인하여 지방 호족들이 이탈의 기미를 보이던 상황에서 고려의 배후에 위치한 명주와도 군사적 대치상태에 빠진다는 것은 왕건으로서는 달가운 상황이 아니었기 때문이다. 명주는 그야말로 왕건에게 있어 등 뒤에 도사린 칼날과도 같았던 것이다.

　그러자 시랑 권열(權說)이 왕건에게 계책 하나를 아뢰었다. 당시에 순식의 아버지인 허월(許越)이 고려 내원(內院)에서 승려로 살고 있었는데, 그를 순식에게 보내 타일러 항복을 권유케하라는 것이었다. 허월이 어떤 까닭으로 고려의 내원에서 승려로 살고 있었고 또한 그가 고려 왕실과 어떤 관계를 맺고 있었는지는 지금으로서는 알 수 없다. 여하튼 왕건이 권열의 계책을 따르자 과연 순식이 왕건에게 귀부해왔다.

순식이 왕건에게 귀부한 시기는 기록마다 약간의 차이가 있다. 《삼국사기》 신라본기에서는 순식이 항복한 시기를 922년 1월이라 하였고, 《고려사》 태조세가에서는 922년 7월이라 하였다. 약간의 차이가 있기는 하지만, 922년의 어느 시점에 순식이 왕건에게 귀부한 것은 사실인 듯 싶다. 당시 순식이 장남인 수원(守元)을 보내 귀순 의사를 밝히자 왕건은 그에게 왕씨 성을 하사하였을 뿐 아니라 저택과 토지까지 내주었다. 이에 순식은 아들인 장명(長命)으로 하여금 600명의 군사를 거느리고 개경으로 들어가 숙위하도록 하였다.

928년 1월, 왕순식은 마침내 직접 왕건을 찾아와 내조(來朝)하였다. 이전에 아들을 보내 귀부한지 6년 만의 일이었고, 조금 더 거슬러 올라가보면 왕건이 궁예를 몰아내고 고려를 세운지 10년 만의 일이었다. 당시의 왕건은 바로 지난해에 공산전투에서 후백제왕 견훤과 맞붙었으나 처절한 참패와 굴욕을 맛보고 수세에 몰린 처지였다. 그런데 이처럼 어려운 상황에 마음으로 복종해오지 않았던 왕순식이 몸소 왕건을 찾아와준 것이다. 왕건은 이에 큰 위안을 받았는지 적지 않은 보상을 베풀었다. 왕건은 왕순식에게 대광(大匡) 벼슬을 주었으며, 앞서 개경에 들어와 숙위하고 있던 순식의 아들 왕장명의 이름을 왕렴(王廉)으로 고치고 원보(元甫) 벼슬을 주었다. 순식의 수하였던 소장(小將) 관경(官景)도 마찬가지로 왕씨 성을 하사받았으며 대승(大丞) 벼슬을 받았다. 936년 9월, 왕건이 후백제왕 신검(神劍)을 멸하기 위하여 군사를 일으키자 왕순식 또한 몸소 명주에서 군사를 거느리고 일리천 전투에 참전하였다. 당시 왕순식은 아들인 왕렴 및 같은 명주의 호족 왕예(王乂) 등과 함께 중군에 편제되어 2만 명의 기병을 지휘하였다. 결국 이 전투로 인하여 후백제는 멸망하였다.

고려사의 왕순식 열전에서는 왕순식의 일리천 전투 참전에 얽힌 전설을 전하고 있다. 그에 따르면, 일리천 전투 직전에 왕건이 3천 명의 갑사(甲士)를 거느린 기이한 승려를 만나는 꿈을 꾸었다. 마침 그 다음 날에 왕순식이 군대를 거느리고 왕건의 진영에 도착했다. 왕건으로부터 꿈 이야기를 전해들은 왕순식은 자신이 명주에서 출발하여 대현에 이르렀을 무렵 한 기이한 승려의 사당을 만나 그 곳에서 제사를 지내고 기도를 올렸는데, 왕건이 꾼 꿈도 바로 이 때문이었을 것이라 말하였다. 왕건은 이를 매우 기이하게 여겼다고 한다. 즉 꿈에서 자신을 구원하러온 3천 갑사를 곧 왕순식의 참전으로 해석했던 것이고 이것은 둘의 관계가 상당히 깊어졌음을 상징하는 이야기가 될 것이다.

앞서 언급했지만 940년에 세워진 〈보현사낭원대사오진탑비〉에서도 왕순식의 이름을 찾아볼 수 있다. 이 비문은 930년에 사망한 사굴산문의 고승 낭원대사 개청(開淸)을 기리기 위해 세워진 것인데, 여기서 왕순식은 "당주군주사 태광 왕공 순식(當州軍州事太匡王公荀息)"이라는 이름으로 등장한다. 낭원대사라는 칭호와 오진탑이라는 탑명을 태조가 직접 하사하였다는 기록으로 보아 태조 왕건의 명주지역에 대한 사랑은 각별했던 듯 싶다.

왕순식은 개청의 유력한 후원자였던 것으로 보이며, 신라 경애왕이 개청을 초빙하자 몸소 수하들을 거느리고 그를 찾아가 축하를 드리기도 하였다. 그가 당시의 여러 호족들이 그러했듯이 선종 승려들을 후원하고 있었으며 또한 그가 명주의 "군주사(軍州事)"를 칭할 정도로 유력한 호족이었다는 점 만큼은 미루어 짐작할 수 있다. 후백제가 멸망하고 후삼국이 통일된 이후 왕순식의 행적은 더이상 기록에 보이지 않는다. 이용할 가치가 더 이상 없어진 탓이기도 하겠지만 그의 가문 자체도 존재가 묘연해진다. 왕순식의 아들로서 왕건으로부터 새 이름까지 하사받았던 왕렴도 936년의 일리천 전투에서 아버지와 더불어 참전한 일을 제외하면 어떤 삶을 살았는지 알 수 있는 단서가 없다. 한때 왕건에게 불복하며 배후에서 그를 불안케하더니, 문득 아버지의 설득을 따라 고려에 항복하여 왕건의 충복이 되었던 왕순식과 그 후손들이 갑자기 기록에서 모습을 감춘 것은 의아한 일이다. 이처럼 왕순식 가문이 기록에서 자취를 감춘 반면에, 명주의 다른 호족들이 새롭게 부상하기 시작했다. 그 대표적인 예로 왕예와 왕경을 들 수 있다.

왕예(王乂)는 《강릉김씨족보》에 따르면, 명주군왕 김주원의 6대손이었다고 전한다. 《고려사》에 따르면, 왕예는 왕순식과 마찬가지로 936년 9월에 일리천 전투에 참전하여 후백제의 멸망에 기여하였으며 그 벼슬이 내사령에 이르렀다. 또한 그의 딸은 태조 왕건의 후비인 대명주원부인 왕씨가 되었다. 940년 7월에 세워진 〈보현사 낭원대사오진탑비〉 음기(陰記)에서도 "당주도령 좌승 왕예(當州都令佐丞王乂)"의 이름을 찾아볼 수 있는데, 같은 기록에서 앞서 "당주군주사"로 언급된 왕순식을 대신하여 명주의 가장 유력한 호족으로 떠오른 것이 아닐까하는 추측도 가능할 듯 싶다.

왕경(王景)은 본래 왕순식의 휘하에 있던 소장으로 본래 이름은 관경이었는데, 앞서 언급하였듯이 왕순식이 몸소 왕건을 찾아와 내

조할 당시에 함께 왕씨 성과 대승 벼슬을 하사받았다. 그는 이후 벼슬이 태사에 이르렀고 삼한공신에 봉해졌으며 그 딸은 태조 왕건의 후비인 정목부인 왕씨가 되었다.

이처럼 왕예와 왕경은 고려 왕실과 혼인관계를 맺으며 중앙정계로 진출하여 그 가문이 번영을 누렸던 것으로 보이나, 왕순식과 그 가문에 대해서는 이런 흔적조차 찾아볼 수 없다. 어떤 이유에서인지는 알 수 없으나 후삼국 통일 이후에 왕순식 가문은 이전의 세력을 지속하지 못하고 몰락하였으며 그 자리를 왕예나 왕경 등이 대신하게 된 듯 싶다. 아마도 왕순식이 오랜 세월 동안 태조 왕건에게 귀부하지 않고 대립하며 애를 먹인 것이 왕건 사후 왕들에 의해 경원된 원인이 아닐까 싶지만 자세한 사정은 알 수 없다.

강릉 김씨 출신으로 절개를 지킨 대표적 인물로는 흔히 생육신의 한 사람으로 꼽히는 김시습이 유명하다. 이 명주군왕릉 입구에 그를 위한 사당인 청간사(淸澗祠)가 있다. 중종 때인 1769년에 세워졌다가 그 후 6.25사변에 불타고 1954년에 다시 세웠다고 알려져 있는데 그는 김주원의 23세손이라고 한다. 사실 사육신이니 생육신이니 하는 말들이 역사적 근거가 전혀 없는 것들이기는 하나 적어도 민중의 마음 속에서 절의(節義)를 지킨 존재들로 추앙받다 보니 후손들이 나중에라도 사당을 세우는 등 존숭하게 된 것으로 보인다. 어쩌면 역사속 인물들이란 공식 기록 속 지위나 업적보다는 비록 전설과 야담이 많이 끼어들긴 했지만 이런 민중들의 마음 속에 생생히 살아 숨쉬는 인물들이 진짜 영웅이 아닌가 싶기도 하다. 조선 왕조를 실질적으로 세운 삼봉 정도전은 잊혀지고 조선 왕조 건국에 반대하여 참살되었던 포은 정몽주가 오래도록 민중의 사랑을 받는

다든가, 해방 정국의 실질적 승리자인 이승만보다 패배자였던 백범 김구가 오랫동안 존경받는 것이 그 예일 것이다. 어쩌면 이런 일은 이미 〈삼국지연의〉라는 중국 역사소설에서 실질적 승리자인 조조(曹操)나 사마의(司馬懿)보다 패배자인 유비(劉備)나 제갈량(諸葛亮)이 민중의 사랑을 받은 것과 닮아 있을 것이다. 여기서 중요한 것은 왜 유비나 제갈량 혹은 정몽주나 김구가 민중의 사랑을 얻었는가이다. 비록 현실정치에서는 패배했지만 그들이 끝까지 유지하고자 했던 도덕률, 예를 들자면 유비의 인의(仁義)의 정치, 제갈량과 정몽주의 쓰러져가는 왕조에 대한 의리와 충성심, 김구의 현실적으로 불가능했지만 끝까지 놓지 않았던 통일의지와 민족에 대한 사랑 등이 시대가 흘러갈수록 더욱 가치를 발한 것이 아닌가 보인다.

〈매월당 김시습 기념관〉

근래에는 선교장 아래에 매월당 김시습기념관을 지어 추모사업을 해 오고 있다. 불운한 정치인이자 당대의 패배자였던 김시습은 정몽주가 그러했듯 이렇게 민중들의 마음 속, 후손들의 마음속에 살아 남아 있는 것이다. 역사는 그를 흔히 방외인(方外人) 혹은 비승비속(非僧非俗)이라 기록하고 있으니 그것은 그가 경계인의 삶을 산 인물이라는 것을 보여 준다. 승려도 아니고 그렇다고 속인도 아니고 조정에서 일하는 벼슬아치도 아니고 그렇다고 농부도 아니면서 조정에 대해 늘 쓴소리를 늘어놓은 인물이 그였던 것이다. 조정 일에 참가하지는 않았으되 조정에서 하는 일에 늘 시시비비를 가리거나 풍자하는 인물로 김시습의 후예를 들자면 조선조 말기 무렵의 김삿갓과 봉이 김선달 등을 들 수 있을 것이다. 매관매직하고 삼정(三政)이 문란한 현실을 앞에 두고 김삿갓은 풍자와 조롱으로 김선달은 해학과 사기로 한 세상을 풍자했던 것으로 김시습의 근대적 버전이라 할 것이다. 왜 하필 무명(無名)의 그들이 성씨는 김씨인지도 눈여겨 보아야 할 것이다. 김시습과 그의 후예로 짐작되는 김선달과 김삿갓은 요즘 말로 치면 재야(在野) 인사나 반정부 유투버 정도되는 인물일 것이다.

　매월당 김시습이 한문으로 쓴 조선 최초의 소설인 〈금오신화〉속 소설들을 보면 현실과 환상의 경계 속에서 이야기가 전개되고 있으며 그런 내용은 경계인의 삶을 살았던 그의 생의 궤적과 묘하게 닮아 있다. '만복사 저포기' 나 '이생규장전' 등 금오신화 속 소설들을 보면, 유교적 충의와 가부장적 질서라는 당대의 현실적 장벽 속에서 그들 소설 속 주인공들은 비록 fantasy 수법을 통해서나마 서로 만나고 사랑하는 민중적 가치를 실현해 나간다. 다소 억지스럽게 들리겠지만 앞서 얘기한 강릉의 반중앙적 정서가 이런 것으로도 나타나고 그것은 동향(同鄕)의 후배인 허균의 〈홍길동전〉도 마찬가지이다. 일부 독자들은 어지간히 갖다 붙이라고 비판하겠지만 심지어 나는 현역 최고의 극작가인 김은숙이 쓴 〈도깨비〉라는 작품에서도 그런 환상과 현실을 오가는 사랑의 전통을 보고 김시습의 〈금오신화〉를 떠올렸다. 거기다가 역사의식과 민중의 저항의지까지 가미한 작가의 〈미스터 선샤인〉을보고 허균의 개혁의지를 연상하지 않을 수 있었겠는가. 역시 강릉의 딸이고 아들이니까....

이 때쯤 우리는 왜 조선조 최고의 여류작가 신사임당과 허난설헌 두 분이 왜 하필 이 강릉에서 태어나고 성장했고, 왜 하필 조선조 최초의 한문소설을 쓴 김시습과 초초의 한글소설을 쓴 허균이 강릉을 기반으로 하고 있는가를 묻지 않을 수 없는 것이다. 그 이유는 필자가 앞에서 여러 번 말한 대로 지금은 멸절되었으나 과거 오랫동안 왕성했던 강릉의 중앙정치와 문화에 대한 저항의식의 소산이라는 것이다.

④ 관음리와 안국사

금산리 상임경당에서 괴일길을 타고 들어가거나 보광리에서 갈라져 관음길로 들어서면 나타나는 동네가 관음리이다. 옛날 관음리 본동에는 관음사가 있었고, 안곡에는 안곡사가 있었는데 어느 절이 본사이고 말사인지 확실하지 않다. 관음리는 화려한 양반문화를 자랑하는 금산리의 뒤에 위치하고 있지만 그 은은한 민중적 문화의 빛은 위촌리와 함께 오히려 더 오래 지속되리라 믿는다.

금산리에서 관음리로 들어가는 첫 마을은 괴일이다. 벼슬길에 오른다는 상징적인 나무인 회화나무 즉 괴목(槐木)이 있는 골짜기이어서 괴일(여기서 '일'은 '실'이라고도 하며 곡(谷) 즉 골짜기 혹은 골목의 옛말이다)이 된 것인지, 아니면 고양이형상의 바위가 있어서 괴일인지 잘 모르지만 양반 자랑하던 금산리의 뒷동네이다 보니 여러 성향이 비슷하였을 것이다. 즉 관음리는 인접한 금산리와 보광리의 영향, 즉 양반문화와 불교문화가 함께 스며들어 있는 마을로 볼 수 있다는 것이다. 이 마을은 원래 한(韓) 씨와 심(沈) 씨가 개척한 마을이라고 하지만 지금은 토박이들은 떠나고 외지에서 유입된 사람들이 대세를 이루고 있다. 강릉의 옛기록에는 옛날 정월대보름에 이 마을 사람과 금산리 사람들이 횃불을 들고 수리봉에 올라가 봉화놀이를 했는데, 횃불을 들고 산에 먼저 올라 갈려고 마을 사람끼리 서로 싸웠다고 한다. 횃불을 먼저 들고 올라가는 마을이 한해 농사가 잘되었기 때문이었다고 하지만 지금은 기록에만 남아있는 횃불싸움이다. 서로 라이벌 관계인 이웃 마을끼리 풍흉을 두고 서로 겨루는 이런 풍습은 가까운 초당 송정의 남대천 개울을 사이에 둔 돌맹이 싸움인 석전(石戰), 그리고 삼척의 기줄다리기 등 곳곳에 있었던 농경시대의 풍속이기도 했다.

 이 마을은 나에게는 나름 특별한 의미가 있다. 나는 나를 키워준 부모님은 제대로 모시지 못 했고 대신 장모님을 20여년 모시고 살았는데 그 장모님의 고향이 이 괴일 마을이었기 때문이다. 그곳 출신의 영월 신(辛) 씨인 장모님은 80살이 넘어 몸이 안 좋아졌을 때 걸핏하면 나에게 괴일 마을을 보고 싶다고 재촉했었고 나는 틈나는 대로 모시고 그 마을을 돌아다니기도 했었다. 갈 때마다 장모님은 저기서 나물을 캤느니, 저기서 소를 멕였느니, 저 자리에 있던 감나무가 어떠 했느니 하는 나에겐 별 흥미없는 이야기들을 늘어 놓곤 하셨다. 여담이지만 내가 옆에서 목격한 바로는 사람의 기억은 과거에서 현재로 쌓여 있는데, 그 기억이 없어지는 순서는 현재부터 삭제되기 시작한다는 것이었다. 결국 장모님은 마지막으로 괴일 마을의 유년기의 추억, 자신의 어머니와의 유아기 추억을 남기고 하늘로 가시었다. 아마 나도 그럴 것이다. 마지막 임종을 앞두고 아마도 나는 병원 침대에서 구정리에서 자라나던 과거로 돌아가게 될 것이다.

 장모님은 나이 들어 눈이 침침해지자 나에게 괴일 마을 입구의 안국 약물둔지로 데려가 달라고 했었다. 거기로 모시고 가자 약물을 두 손으로 움켜 쥐고 먹기도 하더니 여러 번 눈을 씻는 것이었다. 안국 약물이 안질(眼疾)에 좋다는 확실한 믿음을 가지고 있었다. 적어도 그 인근에 살던 사람들에게 안국 약물은 신통방통한 약수(藥水)로 믿어졌던 모양이다. 이 글을 쓰기 전에 다시 그 곳을 방문해 보니 기가 막혔다. 돌틈 사이에서 나와 고이던 약물은 사라지고 정체를 파악할 수 없는 절이 생겨 약수터를 흉물스런 시멘트로 싸

발라 놓았다. 절 앞산은 누군가가 태양열 단지를 만든답시고 산을 깎아 버려 보는 자를 아프게 했다.

〈안국 약수 뒷산의 모습〉

금산리의 뒷산이므로 이 마을은 사실 큰길에서는 잘 보이지 않는 숨어있는 마을이다. 골이 그리 넓지는 않으나 재앙이나 전화(戰禍)를 피해 소박하게 살 수 있는 마을이라는 느낌이 강했다. 그런데 몇 년 만에 돌아본 관음리는 그저 실망 그 자체였다. 아름답던 마을은 어디서인가 흘러온 자본주의의 물결에 초토화되고 있었다. 야산을 까서 태양열 단지를 만들었고 곳곳에 서울서 온 사람들이 지은 그리 예쁘지 않은 주말 주택이 들어서 있었고, 정체를 알 수 없는 창고들도 늘어서 있었다.

〈관음리에 들어선 건축물들의 일부〉

　실망에 빠진 나를 더욱 절망스럽게 한 것은 안국(곡) 약수였다. 좁은 개울 한 편에 고즈넉이 자리잡았던 안국약수는 그 물로 눈을 씻으면 눈병이 낫는다는 속설이 있어 안국의 안이 편안할 안(安)이 아니라 눈 안(眼)자를 쓰기도 했다. 그런데 그 귀중한 약수터가 그 옆에 들어선 정체 불명의 사찰과 함께 흉물스런 시멘트 덩어리가 되어 있었다. 물줄기가 흘러나오긴 했지만 그것은 이미 돌틈 사이에서 흘러나온 맑은 석간수가 아니라 시멘트 사이를 삐져 나온 그저 그런 샘물에 불과했다. 아마도 그 옆에는 물을 다량 뽑아 내기 위한 작은 모터도 숨겨져 있는 듯 했다.

〈안국 약수의 2024년 현재 모습〉

　괴일 마을 다음에는 작은 언덕으로 된 곳이 있는데 속칭 개자리이다. 그 곳에 살던 사람들이 가좌리(可坐里)라 하여 마치 자리잡을 만한 괜찮은 곳이라는 뜻으로 풀었으나 내가 짐작하기에 거긴 그냥 개자리이다. 요즘은 온돌(溫堗)로 난방을 해도 보일러로 물을 덥혀 돌리는 방식이지만 예전 전통 온돌은 나무를 때어 생긴 열을 방 밑에 깔아놓은 판석(板石) 밑을 돌게 하여 돌을 덥혀 난방을 했었다. 그 때 열기(熱氣)가 오래도록 남아 있게 하기 위해 나무를 때는 부엌 아궁이 입구를 조금 높게 하여 열이 위로 솟구쳐 방고래를 돌게 설계하였었다. 그 때 추운 겨울이면 집에서 기르는 개들도 추우니까 아궁이 입구에 머리를 처박고 자거나 도꾸나 메리 워리 등으로 불리던 잡종의 개들은 아예 아궁이 안에 들어가 추위를 견디기도 했다. 그래서 아궁이 입구의 다소 높은 지점을 개자리라고 부르게 된 것이다.

　관음리 마을의 전체 구조를 보면 개자리는 바로 그런 얕은 언덕으로 되어 있는 곳이었기에 그런 이름이 붙은 것인데 한자 좋아하고 중국문화를 숭앙하던 고을의 얼치기 양반 찌끄레기들이 마을 이름을 그런 식으로 갖다 붙인 것일 것이다. 어디 거기뿐인가. 강릉 곳곳에는 그런 중화문명에 대한 사대의식이 지명 곳곳에 남아 있다. 뒤늦게 나마 한자어를 아름다운 우리 말로 바꿔 부르는 생각들이 생겨 고맙다. 강릉 교동의 신개발지처럼 소나무가 우거져 솔골에서 파생되어 'ㄱ'이 음운상 탈락하고 솔올이라 부르던 곳을 살려 '솔올중학교'란 교명(校名)을 사용한다든가, 강동면 임곡(林谷)의 학교 이름을 '숲실초등학교'로 바꾼 것은 좋은 우리 말을 살리는 참 아름다운 일이 아닐 수 없다.

이런 관음리의 얼치기 개발로 인한 황폐화의 와중에서도 나를 기쁘게 한 것은 바로 안국사(혹은 안곡사) 절터이다. 부끄러운 고백을 하자면 사실 필자는 강릉에 오래 산 자랑만 했고 관음리에 오층탑이 있다는 얘기만 들었지 처음 현장을 찾은 것은 이 글을 쓰기 위한 답사가 처음이었다. 이 안국사 혹은 안곡사라고 이름마저 희미해진 폐사지는 나를 기쁘게도 했고 슬프게도 했다. 요즘 유행하는 말로 '웃픈' 답사였던 것이다.

주민들에게 물어도 이미 토박이들이 사라진 마을 주민들은 아무도 그 위치를 잘 알지 못 했고 일행들은 이 골목 저 골목을 드나들며 찾아 보았으나 허사였다. 그러다가 마지막 희망으로 갖고간 차량의 네비게이션으로 검색했더니 아뿔싸 거짓말처럼 관음리 오층석탑이 기적처럼 안내되어 있었다.

〈관음리 오층석탑 아래 아마도 절이었을 듯한 가옥〉

　아무도 찾지 않은 폐사지가 되어 아마도 절 안마당이었을 법한 탑 앞 언덕 아래의 작은 기와집은 누군가에게 이미 양도되어 개인 주택이 들어서 있었다. 집 앞에는 뜬금없이 제주도에서 볼 수 있는 다공질 현무암에 정낭이 끼워져 있었다. 현무암 기둥의 구멍에 끼어둔 긴 장대가 '장기간 집을 비우지만 들어오지는 마시오' 라는 디지털 메시지로 보였지만 나는 살짝 들어가 아름다운 그 집을 구경하지 않을 수 없었다.

　인적이 드문 집을 둘러 보니 주인은 아마 귀촌(歸村) 혹은 전원 취향을 가진 외지 사람인 듯했다. 서울 등 외지 사람이 나쁘다는 것이 아니라 그들은 실제 거주자가 아니라 그저 주말이나 뜨문뜨문 나타나는 상황이다 보니 마을의 집들은 늘 비어 있고, 그래서 마을은 집은 있으나 사람 자취는 드문 곳이 되어 버리는 일종의 공동화 현상이 생긴다는 것이다.

　사실 서울에 소위 이름있는 아파트를 소유하거나 건물 등을 가지고 있는 부동산 부자들에게 이런 시골집이 까짓 몇 푼이나 하겠는가. 그저 자신의 여윳돈으로 사 놓고 값이 올라가면 고맙고 안 올라가도 그만인 그저 그런 세컨드 하우스에 불과할 것이다. 영동지방의 속초 양양 강릉 바닷가의 삐까뻔쩍한 고급 아파트들이 주중에는 밤만 되면 어둠의 성채로 변하는 것을 지켜보면서 나는 참 착잡한 심정이 된 적이 많다. 서울 사람들이 그렇게라도 해서 이 지역에 관심을 가져 주고 오셔서 먹고 마시고 자면서 지역경제의 활성화를 위해 소비생활을 하여 주는 것은 고맙다. 그러나 한편으로 우리 같은 지방의 서민들은 평생에 한 번 가져보기가 소원인 고급 아파트나 콘도미니엄 솔비치 등의 시설을 구입해 놓거나 풍광 좋은 골프장의 회원권을 가지고 즐기고 있고, 우리 지역주민들은 그들이 버린 쓰레기를 치우고 잠자리 시트를 빨아 개고, 챙이 큰 모자를 쓰고 뜨거운 햇볕 아래 '김사장, 나이스 샷' 소리를 들어가며 골프장 잔디밭의 풀을 뽑으면서 생계를 유지해 가는 일이 한편 고마우면서 한편 서글프기도 하다는 것이다.

〈탑 아래 집의 석문(石門)까지 갖춘 멋진 정원〉

관음리 오층석탑 아래의 집을 돌아 보니 석문(石門)까지 있고 물이 흐르는 석담(石潭)까지 갖추고 있어 주변 조경으로 보나 입지로 보나 아마도 예전 절이 있던 자리로 보였다. 이 절이 안곡사(安谷

寺) 혹은 안국사(安國寺)라고 불려지던 바로 그 절, 혹은 절터 자리인지는 증명할 수 없었지만 심증이 가는 입지이고 구조였다. 한 마디로 외진 곳이기는 하지만 참으로 탐이 나는 명당자리이기도 했다. 그 집 마당을 나오면서 작디작은 안내판을 그제서야 발견할 수 있었다. 소박하다고 해야 하나 초라하다고 해야 하나, 탑을 찾지 못해 헤맨 시간을 생각하니 쓴 웃음이 나왔다.

〈오층석탑 올라가는 길 안내판〉

집 뒤의 밭가에 있는 관음리 오층석탑은 나를 흥분하게 했다. 오층의 석탑은 단아하고 우아했다. 한번쯤 허물어졌다 다시 쌓아 올린 것이 분명했지만 각 층의 기반석과 추녀석 그리고 추녀의 끝자락을 살짝 걷어올린 모습은 신라말 고려초의 석탑 양식으로 보였다.

석탑을 설명하는 안내판에는 이 석탑이 위치한 관음리 774번지 일대를 속칭 안곡(安谷)이라 부르는데 문헌에 따라 안곡사(安谷寺) 혹은 안국사(安國寺)로 기록되어 있다고 씌여 있었다. 짐작컨대 이 골짜기는 관음리의 안쪽에 위치한 안골이었을 것이다. 그런데 한자어로 내곡(內谷)이라 쓰지 않았다. 왜냐하면 강 건너에 바로 이미 안땔 혹은 안뜰이라는 이름의 마을 즉 내곡(內谷)마을이 있었기 때문이다. 그래서 차별화를 위해 동네 이름을 안곡(安谷)이라 일종의 국한문 혼용으로 사용한 듯하다. 안(安)은 편안하다는 뜻이 아니라 '안쪽, 뒤쪽' 이란 발음 그대로의 뜻으로 음차(音借)하여 사용하고, 골은 그냥 한자어 골 곡(谷)자를 훈차(訓借) 그대로 사용하여 마을 이름을 호칭했을 것이다. 그래서 거기에 있는 절 이름은 안곡사(安谷寺)로 불리었을 것이다. 그러다가 아마 조선조 쯤에 들어서서 누군가가 '절이 살기 위해선 이름을 바꿔야 된다. 조선정부의 안녕과 국태민안(國泰民安)을 비는 절 이름으로 정하자'고 하여 발음이 비슷한 안국사(安國寺)로 바꾸었을 것이라는 것이 나의 추론이다. 이 절터에서 안국사(安國寺)라는 글자가 쓰인 명문(銘文)이 새겨진 와편(瓦片)이 출토된 바 있다는 것이다.

〈관음리 오층석탑과 석등 간주석〉

탑은 대충 보아도 고려시대의 형식을 갖추고 있으며 기단부는 이중 기단(基壇)으로 아래층 계단 갑석(甲石 뚜껑처럼 덮은 돌) 윗면 네 모서리가 약간 솟아있는 것과 5개의 점차 작아지는 5개의 지붕돌이 각 층 몸돌에 비해 폭이 그리 넓지 않은 점이 특징이지만 아마 언젠가 탑이 무너져 뒹굴거나 혹은 모진 사람들의 피해를 받아 귀퉁이가 떨어져 나갔으니 귀퉁이의 하늘로 살짝 쳐든 옥개석이 그대로 있었더라면 훨씬 아름다운 자태가 되었을 것으로 보였다. 탑의 윗부분인 상륜부(相輪部)에는 노반(露盤 네모난 지붕 모양의 장식)과 앙화(仰花 꽃잎을 위로 벌여 놓은 모양)가 남아 있다. 전체적으로 키가 커 보이며 고려시대의 석탑 양식을 잘 보여주고 있다.

돌로 처마 끝을 올리는 것은 석조에 남아있는 목조탑의 흔적이고 목조탑이라면 백제가 최고 수준이고 그런 기법은 삼국 통일 이후 신라 전체의 석탑 양식으로 번져 나갔으니까 그런 점에서 고려시대에 조성된 것으로 보이는 이 탑에서 백제 목조탑의 희미한 흔적을 보았다고 하면 나만의 지나친 주관일까. 강릉지방에 남아 있는 여러 개의 탑 중 가장 원형에 가까운 모습을 보여주고 있다고 생각되었다. 층수는 조금 다르지만 양양 낙산사 대웅보전 앞의 7층 석탑과 비슷했을 것이고 학자들은 그런 모양의 영동지방의 최초의 석탑으로 강릉시 내곡동 신복사지 삼층석탑을 원형적인 형태로 보고 있다. 전화(戰禍)를 겪고 세상으로부터 버림받은 외로움이 배어 있는 모습이란 느낌도 나의 주관적 감상이리라.

탑 바로 앞에는 위가 둥글게 다듬어진 네모난 하대석(下臺石) 구멍 위에 비석처럼 1.5 m 정도의 간주석(竿柱石)이 서 있다. 간주석 위는 네모나게 가공되어 있다. 안내판에는 자세히 설명되어 있지 않지만 이 작은 기둥은 바로 탑을 밝히던 석등의 기둥 잔재이고 이 위의 네모난 형태는 바로 지붕 모양의 옥개석을 갖추고 사방에 구멍이 뚫려 등(燈)을 밝힌 석등이 꽂혀 있던 흔적인 것이다. 폐사가 되면서 석등은 어딘가 묻혀 있거나 도굴꾼의 손을 거쳐 박물관의 수장고에 아니면 부잣집 정원에 있을 것이다.

이리 외따로 떨어져 있고 드나드는 신도도 끊어지고 중도 떠나고 폐사가 된 후 이 절터에는 못된 자들도 드나든 듯하다. 이웃 주민의 증언에 의하면 인근 대학의 사학과 교수라는 분이 와서 연구상 필요하다고 불상을 가져갔다는 황당한 이야기도 들을 수 있었다. 무슨 연구를 하든 불상을 현지로부터 이동시켰다는 것은 이미 도굴이고 약탈임이 분명하다.

〈불상이 안치되어 있었다는 좌대(座臺)〉

탑 뒤에는 불상을 잃은 불쌍한 좌대만 덩그러니 남아 있었고 탑 앞에는 아마도 석등의 간주석으로 보여지는 촛대석만 남아 있다. 이 절은 그냥 관음리 오층석탑이라 안내되어 있으나 짐작컨대 이 마을에 있었다는 안국사(安國寺)의 유물일 것이다. 보현사가 있는 윗마을이 보광리이듯 안국사가 있는 이 마을의 이름은 관음리이니 전부 불교의 연기(緣起)와 관계된 이름임이 분명하다.

⑤ 오봉리와 오봉서원

다섯이란 숫자는 적어도 우리 동양인들에게는 특별한 의미를 가진다. 오봉(五峰) 혹은 오대(五臺)라는 이름을 사용하는 산이 유난히 많은 것은 아마 그런 이유였을 것이다. 동서남북중(東西南北中)이라는 방위(方位)의 개념과 우리가 최초로 숫자를 헤아릴 때 사용하는 손가락의 숫자가 그러한 것도 이유가 되었을 것이다. 불교 신앙으로 따지면 중국에는 4대 성지(聖地)라고 불리는 곳이 있는데 보현보살(普賢菩薩) 성지인 사천성(泗川省) 아미산(峨眉山), 지장보살(地藏菩薩) 성지인 안휘성(安徽省) 구화산(九華山), 관음보살(觀音菩薩) 성지인 절강성(浙江省) 보타산(普陀山), 그리고 문수보살(文殊菩薩) 성지인 산서성(山西省) 오대산(五臺山)이 그 곳이다. 특히 오대산은 중국 청나라 3대 황제로 조선을 침략해 병자호란을 일으켰던 청 태종의 아들이었던 순치제(順治帝)가 황위를 버리고 입산한 산으로 유명했다. 조금 설명을 보태자면 불과 여섯 살 나이에 황량한 만주 벌판에서 황제로 즉위한 순치제는 정치는 삼촌인 도르곤에게 섭정(攝政)을 맡긴 상태에서 철저하게 중국식 유학교육을 받고 자랐으며 자금성에 들어와서도 그 주위에는 이름 있는 학자들을 불러 모으고 이들과 담론을 즐기면서 더욱 유가적인 교양을 쌓았다. 황제라고는 하지만 실권은 그의 삼촌이자 섭정(攝政)인 도르곤이 가지고 있었기에, 그가 황제로서 치세한 기간은 도르곤이 사망한 1653년부터 61년까지 햇수로 불과 8년 남짓하다. 그런데 그가 도르곤에게 실권을 맡기고 한창 유가적인 교양을 쌓고 있을 때 황당한 일이 생겼다. 몽골 출신의 순치제의 어머니, 즉 태종 홍타이지의 황후는 이때 황태후가 되었는데, 이 황태후가 그의 시동생이자 태종의 동생이며 순치제의 숙부(叔父)인 섭정(攝政) 도르곤과 재혼을 하게 된 것이다.

형이 죽으면 그 형수를 동생이 아내로 맞이하는 이른바 형사처수(兄死妻嫂)가 만(滿)·몽(蒙)사회에서는 전래된 일반적인 관습이었다. 삼국지위지 동이전 부여조에도 "형이 죽으면 동생이 형수를 아내로 삼으니 이는 흉노와 같은 풍속"(兄死妻嫂 匈奴同俗)이라는 기록이 있는 것만 보더라도 이것은 오래전부터 내려오던 그들의 풍속이며, 이때까지 그 풍속은 지켜지고 있었기 때문에 문제될 것은 없었다. 그러나 이것은 그들 사회의 풍속이고, 이런 일을 생전 처음 보게 된 중국 관료들은 밝은 대낮에 벼락이라도 맞은 듯, 속으로는 깜짝 놀랐지만, 겉으로는 그들 특유의 능글맞은 웃음을 입가에 흘리면서 연신 축하한다고 도르곤에게 머리를 조아렸다. 그리고 이들 중국인들이 더욱 놀랬던 것은, 비록 도르곤이 섭정으로서 모든 실권을 장악하고는 있었지만, 서열상 황태후보다는 분명히 몇 단계 아래인 신하의 신분이다. 황태후가 어떻게 신하에 해당하는 사람과 내리혼인(降婚)을 할 수 있는가라는 점은 호기심 이상으로 이들을 어리둥절하게 만들었다.

  나름대로 철이 들었고, 유가적인 교육으로 이미 중국적인 사고가 몸에 밴 순치제로서는 이를 매우 부끄럽게 생각하였다. 여진족은 몽골족이 모든 면에서 그들보다는 높은 위치에 있다는 것을 스스로 인정하고, 몽골의 여자를 아내로 맞이하는 것을 자랑으로 여기고 있었다. 그래서 청나라 왕실에서는 몽골 여자를 황후로 삼는 것이 관례화되었다. 그러나 이런 재혼사건으로 인해 순치제는 몽골 출신의 어머니가 싫었고, 숙부에게 혐오감(嫌惡感)을 갖는 동시에, 몽골족까지 밉게 보았다. 관습상 일부일처는 필부들에게나 해당되는 부끄러운 것이고, 남자가 많은 처첩을 거느리는 것을 자랑으로 여겼다. 그러나 유가적 태도를 습득한 순치제의 부끄러움과 금욕적 태도는 여기서 한 발 더 나아가, 무분별한 정사를 막기 위해 궁중 법도를 새로이 마련하여 법으로 발표하기도 하였다.

그러나 막상 자신은 한 여인을 사랑하다 24세의 젊은 나이에 요절했다. 1653년 도르곤이 죽자, 죽은 그를 벌(罰) 주고, 몽골출신의 황후를 폐위시킨다고 선언하여, 신하들을 다시 한번 깜짝 놀라게 했다. 주위에서 아무리 간해도 소용이 없었다. 하는 수 없이 관습상 몽골 여자를 다시 황후로 세웠지만, 새 황후 역시 버릇없다는 평계로 거들떠보지도 않았다. 이렇게 상심 속에 시름없이 지나던 이 젊은 황제 앞에, 생명을 다 바쳐 사랑할 만한 여인이 나타났다. 그가 바로 동귀비(董貴妃)라고 불렸던, 기록상으로는 만주 출신의 여인이었다. 그러나 항간에 떠다니는 소문으로는 양주(陽州)에서 이름을 떨치던 어느 부호의 애첩 동소완(董小宛)이라는 미모의 여인이 포로가 되어 베이징으로 왔다가, 어떤 연줄을 따라 궁중에 들어가게 되었고, 젊은 황제를 사로잡았고 한다. 이 젊은 황제는 동귀비가 옆에 없으면 수저도 들지 않을 정도로 사랑하고 아꼈다. 그런데 불행하게도 이 동귀비가 순치 17년(1660) 8월 병을 얻어 끝내 일어나지 못하고 그만 죽고 말았다. 비탄에 잠긴 황제가 이번에는 죽은 동귀비를 황후로 봉한다고 고집을 피우다가, 주위에서 부당함을 간곡하게 아뢰자, 인생무상을 느끼고 자금성의 황제 자리를 팽개치고 오대산으로 들어가 죽치고 앉아서, 아무리 신하들이 권해도 나오지를 않자, 할 수 없이 황제가 사망하였다고 발표하고 어린 그의 아들을 다음 황제로 세워 이를 수습하였다. 이런 것은 다만 민간에서 쉬쉬하는 가운데 소문으로만 전해졌을 뿐, 공식 기록에는 순치 18년(1661) 정월 초 이튿날, 황제가 마마를 앓는다고 알려지고, 곧 이어 24세의 젊은 황제의 죽음이 발표되었다. 곧 유조(遺詔)가 발표되고 순치제의 두 아들 가운데 둘째인 여덟 살의 현엽(玄燁)이 청의 4대 황제로서 뒤를 이었는데 이가 강희제(康熙帝)였다.

중국 이야기를 한 이유는 왕과 오대산의 이야기가 우리나라 평창의 오대산과도 이어지기 때문이다. 그 주인공은 바로 수양대군이었다가 조카를 폐하고 왕위에 오른 세조임금이었으니 그가 꿈에 나타난 단종의 모후인 현덕왕후가 침을 뱉어서 생겼다는 지독한 피부병을 고치기 위해 보은 속리산 등을 탐방하다가 오대산 상원사 앞 개울에서 목욕하고, 그 과정에서 문수동자가 나타나 등을 밀어 준 뒤에 완쾌하였다는 이야기는 꽤 유명하다. 중국에서 문수보살(文殊菩薩)의 성지로 알려졌던 오대산과 동명(同名)의 산에서 같은 보살이 나타나 은혜를 베푼 것이니 이걸 어찌 믿어야 할지 모르겠다. 실제로 세조의 문수동자 목격담을 듣고 나무로 깎아 상원사에 보관하고 있던 문수동자의 복장물(腹藏物)에서 세조가 착용했던 것으로 보이는 피 딱지가 묻은 적삼이 나온 것을 보면 아주 황당한 이야기만은 아닌 것으로 보인다는 점이다. 게다가 밤에 숙소에 들려 할 때 고양이가 옷깃을 당겨 방안의 병풍 뒤에 숨은 자객(刺客)까지 적발했다니 그 덕에 월정사는 많은 전답을 고양이 부양을 명목으로 하사 받았다고 하니 오늘 날에도 그 때 받은 묘답(猫畓)이 지금도 월정사 소유로 남아 있다. 기분이 좋아진 세조 임금은 오대산 입구에서 특별과거시험인 별시(別試)를 열었는데 만 여 명의 응시자가 몰려 그 곳을 만과봉(萬科峰)이라 부르게 되었으며 평소보다 많은 50여 명의 합격자를 배출해 강원도의 선비들을 기쁘게 했다고 한다.

〈세조가 병을 고친 상원사 전경〉

〈세조가 옷가지를 걸었던 자리에 세운 관모대와
고양이로 짐작되는 상원사 앞의 동물상〉

〈오대산 월정사 대적광전과 9층탑〉

오대산이 이런 많은 이야기를 품고 있으니 각 지역에 작은 오대산이 생길 수밖에 없었으니 차마 오대산이란 명칭을 사용하기 멋쩍었던지 그 곳을 오봉(五峰)이라 불렀다. 전국적으로 오봉 혹은 오봉산이란 이름은 아마 수 십 군데가 넘을 것이고 그 중 유명한 곳이 고성 초입의 송지호 부근의 오봉리/죽왕마을일 것이고 강릉도 예외가 아니다. 성산면과 왕산면이 맞닿은 현재의 강릉 최대의 저수지인 오봉댐이 있는 마을이 바로 성산면 오봉이다. 제왕산을 중심으로 산봉우리가 5개가 나란히 있다고 하며 실제로 봉우리를 세어 보지는 않았지만 그 곳에 서원(書院)이 있는 것으로 보아 제법 성스러운 곳으로 간주되었던 마을일 것이다.

이 마을은 바로 그 위의 왕산면에서 흘러온 삽당령에서 발원하여 도마리를 거쳐 흘러온 물과 닭목령에서 발원하여 왕산골을 거쳐 흘러온 두 줄기의 물이 합쳐진 곳에 댐이 세워져 강릉의 농업용수와 식수를 공급하는 중요한 곳이 되었다. 심지어 이 마을에는 평창군 수하리에 위치한 도암댐의 물을 유역(流域)변경(變更)해 강릉 남대천 방향으로 돌려 낙차(落差)를 이용해 발전하는 발전소도 있다.

〈오봉 발전소 건물과 발전 후 배출구〉

도암댐의 방류 이후 남대천의 수질 환경이 악화되자 강릉시민들이 총력전으로 발전과 방류를 저지해 2001년부터 가동이 중지된 상태로 있기는 하지만 언제 또다시 도암댐의 축산 폐수가 발전(發電)이란 미명으로 강릉으로 쏟아져 들어올지 몰라 시민들은 불안해 하고 있다. 심지어 성산면 일부 주민들은 발전소를 다시 가동해야 한다고 주장하기도 한다고 하니 그들에게는 그저 지역경제 활성화를 위한다는 자본주의적 발상법만이 가득할 것이다. 도암댐으로 흘러드는 축산 폐수 농업 폐수가 한강을 거쳐 서울로 가는 것이 문제라면 아예 오염원을 제거하는 장기 대책이 필요한 것이지, 임시로 폐수를 동해로 빼돌리는 것은 치졸한 정책이 아닐 수 없다. 한전 당국에서는 폐수가 아니라 이제 맑은 물이라고 주장하는 모양이지만 그러면 그 맑은 물이 한강으로 가는 것이 당연하지 왜 강릉 남대천으로 빼돌리려 하는가. 그것은 마치 원자력발전소나 석탄화력발전소가 방사선 피해나 분진 공해가 없다고 주장하는 것이나 마찬가지이다. 그렇게 안전하면 송전(送傳) 비용을 절감하기 위해서라도 전력의 주 소비처인 서울 경기에 발전소를 세울 것이지 왜 머나먼 강원도나 경상북도에 발전소를 세워 그 먼 거리에 고압 송전탑을 세우느라고 민원을 야기하는가 말이다. 한 마디로 어불성설(語不成說)의 이야기가 아닐 수 없다. 시골사람들은 언제까지 서울 경기의 시다바리(?) 역할만 하라는 것인가 의문을 품지 않을 수 없다. 허긴 무지한 시골사람들이 그래도 계속 좋다고 그들을 의원(議員)으로 뽑아 주고 표를 몰아 주거나 몇 푼의 보상금에 취해 있으니 더 이상 말해 무엇하랴.

　오봉댐이 생기기 이전 이 오봉리는 왕산에서 흘러온 물줄기와 대관령 사면과 보광천이 만나 어흘리에서 합쳐진 물이 흘러 넘쳐 소용돌이 치며 남대천을 이루는 곳에 위치하고 있어 물의 피해가 상대적으로 많은 지역이었다. 이렇게 수량이 많았기에 80년대 들어서야 구산리와 산북리 사이에 다리가 놓일 수 있었다.

〈오봉댐〉

 어린 시절 나는 아버지와 함께 이 오봉리에 온 적이 있었다. 기억을 더듬어 보면 당시 박정희 정권은 조선시대의 부역(負役)에 해당하는 공짜 노동을 '인부'란 이름으로 여전히 주민들에게 부과하고 있었는데 그런 인부는 주로 산불 방제나 마을 청소였으며 특별하게는 홍수 피해 복구에 동원되기도 했다. 당시 정선으로 가는 유일한 도로가 구산리에서 오봉리를 거쳐 왕산천을 빙 감돌아 삽당령을 거쳐 임계로 가는 길이었는데 홍수가 나면 오봉리 앞의 도로가 늘 유실(流失)되곤 했었다. 그래서 홍수 후엔 늘 인부 나오라는 독촉에 시달렸고 당시에는 관권(官權)이 무서워 열일을 제쳐 두고 참가하여야 했다. 그럴 때 우리 마을 구정리의 담당구역이 바로 현재의 '풍경소리' 카페가 있는 오봉리 개울 앞 도로였다. 아버지를 따라 온 것이 그 때였다. 일부 기술 있고 힘 좋은 어른들은 큰 돌을 쌓아 3단 정도의 방죽을 만들고 아이들과 여자들은 모래와 자갈을 퍼날라 그 석축 안을 채워 차가 다닐 수 있는 도로를 복구하는 작업을 했던 것이다. 몇 년이 흐른 뒤 그런 공용의 작업을 하고 나면 밀가루나 시멘트가 마을 별로 포상처럼 주어졌으니 그것이 바로 새마을운동이었던 것이다.

〈오봉 서원 전경〉

고려말의 신하로 이성계를 도와 조선을 건국한 개국공신이자 강릉 함씨의 시조로 받들어지는 함부림(咸傅霖, 1360~1410)의 4대손인 강릉사람 함헌(咸軒, 1508~?)은 문과에 급제한 뒤 군수를 지내고 예조(禮曹)에 근무하던 1552년 서장관(書狀官)으로 북경(北京)을 다녀온 적이 있었다. 그 때 그는 중국 문인들과 교유하며 거기서 공자(孔子)님의 진영(眞影)을 모셔 왔다고 한다. 돌아가신 지 천 년이 넘은 공자의 진영이 어디 있겠는가마는 그래도 북경에서 나름대로 공인(公認)된 초상이었을 것으로 짐작된다. 필자도 공자님을 사숙하여 공자님 초상화와 조각품을 몇 개 가지고 있지만, 그 중 년전에 중국을 방문했을 때 공자님 고향인 곡부(曲阜)의 공림(孔林)에 들러 공자님의 72세 후손이라는 공씨(孔氏)가 운영하는 가게에서 떠듬떠듬 필담(筆談)을 나누어 가며 구입한 목각상과 족자(簇子) 초상화를 나름 정품(正品)이라 사무실 벽에 걸어 두었으니 칠봉 함헌 선생의 경우도 그런 상황과 비슷했을 것이라 추측해 볼 뿐이다.

그러다가 벼슬에서 은퇴한 뒤 고향인 강릉으로 돌아와 이 곳 오봉에 서원을 세우고 공자님의 진영을 모셨으니 그것이 1560년대 명종 때 즈음이었을 것이다. 호(號)를 고향 마을의 산 이름을 빌어 칠봉(七峯)이라 한 것으로 미루어 보아 아마도 지금 산북리쪽에 많이 살고 있는 강릉 함씨들의 직계조상으로 보인다. 오봉서원은 오봉산의 산줄기가 이어진 중턱에 자리를 잡고 있으며 아침 햇빛이 잘 들고 홍수 걱정이 없는 오봉리 명당에 자리잡고 있으며 현재는 오봉댐 올라가는 길의 오른쪽에 위치하고 있다.

강릉 읍지인 임영지(臨瀛誌)에는 1556년 명종(明宗) 년간에 칠봉 함헌이 강릉부사 강원도관찰사 등과 뜻을 함께 하여 지명이 공자의 고향과 같은 구산(丘山)에 오봉서원을 건립한 것으로 기록한 뒤, 강당(講堂)은 연산주(燕山主) 때인 1496년에 처음 지었다고 해 놓았으니 이런 엉터리 기록 때문에 율곡 이이(李珥)선생이 현판을 썼다는 이야기도 퇴계(退溪) 이황(李滉) 선생이 서원도(書院圖)시를 썼다는 것도 믿을 수 없다, 물론 그 앞 개울의 연어대(鳶魚臺)라는 각자(刻字)의 글씨가 우암(尤庵) 송시열(宋時烈)이의 것이라는 전설도 믿기 힘들어진다.

〈오봉서원 강당〉

 연어대(鳶魚臺)란 이름으로 보아 예전 오봉서원 앞 개울은 돌과 물이 어울어지고 고기도 많아 서원에서의 공부에 지친 선비들이 멍 때리며 자연을 감상하는 풍경 맛집이었던 것으로 보인다. 연어대란 명칭은 아마도 어약연비(魚躍鳶飛)라고 하여 '물고기는 물 위로 뛰어 오르고 솔개는 그 위를 나른다' 는 뜻에서 유래한 듯하니 바로 평화로운 태평성대를 이르는 말이었기 때문이다. 각자(刻字)를 찾아 보려고 했으나 풀이 우거지고 험하여 탐사하지 못 하였다. 대신 그 개울에는 아직도 1급수에만 서식하는 다슬기가 많고 그 다슬기를 중간 숙주로 하여 번성하는 반딧불이가 많다는 사실은 주민들로부터 전해 들었다.

 숙종(肅宗) 임금은 오봉서원 앞으로 전답 3결(結)을 내리면서 전교(傳敎)하기를 '오봉서원은 공자의 진영(眞影)을 봉안(奉安)한 곳으로 다른 우리나라의 제현(諸賢)을 모신 서원과는 다른 바 있으니 비록 조정에서 사액(賜額)한 서원은 아니라 할지라도 서원의 규칙은 사액서원의 예로 준(遵)하라' 고 하셨다고 한다.

그 뒤 정조 6년인 1782년 주자(朱子)의 영정(影幀)을 모시고 또 순조 11년인 1831년 우암 송시열의 영정을 모시는 과정에서 주자와 우암을 동급으로 둘 수 있느냐 없느냐는 등의 문제로 일부 선비가 귀양을 가는 등 난리법석을 떨었으나 불과 몇 십 년 뒤인 1868년 고종 5년에 송담서원과 마찬가지로 대원군의 서원 철폐령으로 없어졌다가 일제 때인 1902년에 다시 단(壇)을 세우고 제사를 모시다가 1914년에 강당(講堂) 등의 건물을 중건하여 오늘에 이르고 있다. 경내에는 1806년에 세운 오봉서원 기적비(紀蹟碑)와 1856년에 세운 묘정비(廟庭碑)가 있다.

〈오봉서원 기적비와 묘정비〉

⑥ 위촌리(渭村里) 혹은 우추리

위촌리 출신의 소설가 이순원이 쓴 글에는 다음과 같은 재미있는 이야기가 담겨 있다.

"우리 동네 아이들은 대부분 강릉 시내의 중 고등학교에 다녔는데 그들의 공통점이 하나 있었으니 모두가 학교에서의 별명이 '우추리'였다는 점이다. 선생님들은 우리 동네 애들의 이름 대신 '어이, 우추리' 이렇게 부르곤 했는데 마을 아이들 모두 예외가 없었다"

필자가 기억하기론 '우추리'라고 부르는 것은 그마나 양반이고 일부 장난기 많은 선생들은 '어이, 개좆바우. 일루 와 봐' 뭐 그런 식으로 부르기도 했다. 실제로 위촌리 못지 않은 시골 출신인 나로선 왜 위촌리가 당대의 강릉시민들에게 시골 촌놈의 대명사가 되었는지 의아하면서도 내 동네가 아니어서 다행스럽기도 했었다.

강릉지방에는 일찍이 일종의 가벼운 지역 차별 의식이 존재했는데 그것은 스스로를 양반의 후손이라고 자부하는 꼴 같잖은 전근대적인 선민(選民) 의식의 소산 때문일 것이라고 생각한다. 사실 민주주의가 보편화 되기 이전의 이러한 선민의식은 전세계적인 현상이기도 했었다. 나름대로 먼저 문명을 일군 중국인들이 자기들은 중화(中華)라며 세상의 중심이라고 자찬하며 주위의 타 민족들을 야만시하여 동이(東夷) 서융(西戎) 남만(南蠻) 북적(北狄)이라고 했고, 조선조 선비들이 이런 못된 것을 따라 스스로 소중화(小中華)라고 자쳐하며 사실은 한 뿌리인 북방 민족을 야만인 취급하다가 호란을 당해 남한산성에서 항복한 뒤 삼전도에서 만인이 보는 앞에서 만주족의 청나라 임금 태종에게 조선 인조 임금이 삼배(三拜)하고 구고두례 즉 세 번 절하고 아홉 번 머리를 조아리는 개망신을 자초한 것은 유명한 역사적 사실이다. 어디 중국만 그러랴. 서양에서는 아테네 사람들이 자신들만 신의 자손인 Hellen 이라 자칭하고 주변 사람들을 모두 Barobaroi 즉 야만인이라 지칭한 것이 그런 짓들이었다.

우리나라에도 3류 정치의 영향으로 호남 등 특정지역을 폄하하여 부르는 의식이 있는 것은 우리도 잘 알고 있다. 실제로 전라도 지역에 갔을 때 말귀를 잘 못 알아듣는 친구를 보고 농담 삼아 '진안농고를 나왔나. 왜 말귀를 못 알아 들어' 라고 말하는 것을 들은 적이 있는데 그 곳에서는 무주 진안 장수가 바로 촌놈의 상징인 모양이었다.

'골지리 촌놈' 이라며 시골 촌놈의 대명사로 마을 이름이 사용되는 것이 오죽 싫었으면 정선군 임계면 골지리 주문들은 주민 투표 100%로 마을 이름을 바꾸었겠는가.
정선군에 의하면 골지리(骨只里)란 명칭이 한자 뜻으로 '뼈만 남았다' 는 의미가 있는 데다 '골치 아프다, 꼴찌다' 등의 좋지 않은 뜻으로 사용되고 있어 바꾸었다고 말하지만 사실은 골지리가 촌놈의 대명사로 사용되어 그것이 싫어서 라는 것은 모든 사람이 알고 있는 사실이다. 그래서 그들은 한많은 골지리를 버리고 '글 읽는 동네' 라는 의미로 문래(文來)리라 바꾸었으니 조만간 큰 학자가 나올 듯하다. 아직 마을 앞 개울은 골지천이라 부르니 완전히 없애지는 못한 듯하다.

개폼 잡기 좋아하는 강릉 사람들이 또 그렇게 부르는 지역이 바로 왕산이다. 고향이 왕산면이라고 하면 남의 기분은 생각하지 않고 그저 왕산 촌놈이라고 칭하는 버릇이 있다. 중학교라도 다닐라 치면 어설픈 영어로 King Mountain 출신이라고 조롱하는 것이 보통이다. 강릉 지방에서 대표적으로 그런 억울한 대우를 받는 지역이 바로 골지리, 왕산, 그리고 이 위촌리이다.

위촌이라 이름은 아마도 강릉의 북쪽 마을이라는 뜻의 '윗마을'에서 온 듯 한데 한문과 섞어 아마 '윗촌'이라 했을 것이다. 그런데 거기에 사시는 자투리 양반들이 예의 소중화사상을 작동시켜 마을이 중국 주나라 대표적인 개국공신인 강태공(姜太公)의 고향 위수(渭水)과 닮았다고 발음이 비슷한 위촌리(渭村里)로 바꿔 부르게 한 듯한데, 그것은 남대천 물이 돌아 가서 생긴 이름인 회산(回山) 마을이 중국 한나라 명재상 동중서(董仲舒)의 고향 회수(淮水)를 따라 회산동(淮山洞)이라 하고 어디서 들었는지 앞 산의 이름까지 동중서의 고향 산인 동백산이라 붙여 버린 것이나 다름 없는 어설픈 짝퉁 문화의 소산으로 기억될 뿐이다. 일부 주민들은 마을 끝에 와우형(臥牛型)의 묏자리가 있고 거기서 소가 나와 우출(牛出)이라 불렀다고 하지만 내가 볼 때는 별로 재미없는 썰렁한 아재 개그에 불과하다.

위촌리든 우추리든 강릉 시내 사람들에게 무시 당하는 듯한 이런 대우는 오히려 그 마을 주민들을 단결하고 화합하게 만드는 정체성의 본질이 되었다고 나는 진단한다. 학교에 다니는 모든 아이들이 '우추리'라는 별명으로 불리는 동안 그 아이들의 가슴 속에는 '두고 보자, 나를 놀리는 네 놈들 위에 반드시 서리라'는 결심의 칼을 가슴에 품게 만들었다고 표현하면 될 것이다. 실제로 필자의 동기동창 중에 이 마을 출신이 몇 있는데 모두 하나같이 모범적인 학교생활을 했고 공부도 열심히 하여 명문대학으로 진학했고 또 사회생활도 열심히 하여 각자 분야에서 상당한 업적을 이룩하였다. 어찌 보면 그들이 가진 투쟁심(鬪爭心)이나 경쟁력(競爭力)의 원천이 그런 대우에 대한 도전의식이었을 것이다. 그들은 농담삼아 견신암(犬腎岩 개좆바위라는 마을 입구의 바위를 그들이 점잖게 부르는 말)의 정기(精氣) 덕분이라고 말하지만 사실은 이런 도전 의식이 더 중요했을 것이다. 예전에는 강릉 김씨, 강릉 함씨, 성주 이씨, 강릉 최씨 등이 많이 살았으나 지금의 주민 구성은 잘 모르겠다. 다만 강릉시내 특히 유천동 등 교동신개발 주택단지와 가까워 많은 시내 사람들이 거주지로 선택하는 것으로 알고 있다. 강릉 향언(鄕言)에 성산면 지역을 평가하였으되 구산(丘山)은 역촌이어서 나쁘고, 금산(金山)은 김씨들이 많이 살아 나쁘고, 송암(松岩)은 강씨들이 많이 살아 나쁜데 이 마을만은 그렇지 않다고 한 말이 전해지기도 한다.

〈위촌리 신암(腎岩) 공원〉

위촌리 사람들이 세상에 나가 반드시 출세와 성공을 해야 하는 이유 중의 하나는 마을 특유의 공동체 문화도 크게 기여했을 것이다. 작은 개울을 끼고 그 주변에 옹기종기 모여 사는 마을의 특성상 누구 집에 어떤 일이 있었는가의 정보는 늘 공유되었을 것이고 그런 풍토는 이 마을에 독특한 문화 풍습을 낳았으니 그것이 바로 전국적으로 유명한 도배례 행사이다.

매년 설이 되면 이 마을 사람들은 경로(敬老)와 효친(孝親)의 유교적 가치를 가진 도배례 행사를 마을회관에서 실시하며 그 때쯤 전국의 언론사 카메라들이 모여 들어 '미풍양속이 여전히 살아 있는 마을' 등으로 공짜 광고를 해주니 위촌리 마을은 이제 촌놈의 대명사가 아니라 양반동네의 대명사가 되어 가고 있는 것이다.

설이나 추석 명절이 되면 '아싸라비야, 연휴(連休)로구나' 하며 해외 여행을 가거나 명승지의 콘도나 펜션을 찾는 싸가지 없는 놈들이 가득한 세상에서 만사를 제치고 고향 마을에 찾아와 의관(衣冠)을 정제하고 마을 어르신들에게 세배를 드리니 그 얼마나 기특한 일인가. 삼강(三綱)과 오륜(五倫)이 사라지고 인의예지(仁義禮智)가 패대기쳐진 현대 사회에서 아직도 이런 미풍양속이 살아있다는 것이 그 얼마나 감동적인가. 마을에서 최고령인 촌장(村長)님은 갓을 쓰고 도포를 입고 앉아 있고 그 앞에 서울서 출세한 모모한 인사들이 모두 검은 색 두루마기 자락을 여미고 큰절을 올리고 아녀자들도 색색의 한복을 입고 떡국을 나르고, 이어지는 덕담(德談)에 웃음꽃을 피우는 아름다운 풍경이 절로 눈에 선하다. 이따금 아이를 데리고 나타나 "어르신, 이 놈이 이번에 고려대학에 합격했지 뭡니까. 인사 드려", "애가 이번에 삼성에 입사했답니다" 뭐 그런 보고와 덕담들이 오고갈 것이다. 이런 분위기는 마을 아이들에게 자랑스런 자식이 되겠다 혹은 최소한 부끄럽지 않은 자식이 되겠다는 면학(勉學) 정신을 고취시키게 될 것이다.

〈위촌리 설날 도배례 행사 모습〉

1577년 마을에 대동계(大同契)가 만들어지면서 시작되었다는 이런 유구한 역사를 가진 행사가 민주 인권 의식이나 보편적 휴머니즘에 어떤 기여를 하는 지는 모르겠으나 적어도 이 마을의 정체성 확립에는 크게 영향을 끼치는 것은 분명할 것이다. 실제로 강릉시는 마을이 지켜나가는 도덕적 태도에 답하기 위해 무형문화유산으로 지정하여 지원하고 있는 것으로 알고 있다. 그런 결과 위촌리에는 위촌 전통문화전승회관이 들어서 있고 거기서 이런 행사들이 계획되고 집행된다.

위촌리의 도배례 행사와 그 뒷풀이를 보고 생각나서 기억 한 도막을 보태어 본다. 요즘은 관혼상제(冠婚喪祭) 모두를 예식장이나 장례식장 등 일정한 장소를 빌어 돈만 내면 다 대행해 주는 세상이 되었지만 예전 60년대에는 모든 행사를 각자의 집에서 하곤 했었다. 동네마다 마을회관에 행사용 그릇 등을 비치해 놓고 '큰 일'을 치르는 집들은 그릇과 집기 차일 텐트 등을 모두 마을 공동의 것을 사용하곤 했다. 그릇 뒤에 동리 이름을 써 놓기도 했었고 그런 그릇을 '반 그릇'이라 부르기도 했었다. 마당에 차일을 두르고 바닥에는 멍석이나 자리를 깔고 긴 사창문으로 떼어 임시로 긴 상을 만들어 차려 놓고 손님들을 접대하곤 했었다.

더 이전인 조선조 말에는 나라에서 하는 기로연(耆老宴) 잔치, 즉 노인 위안 잔치 등을 한 사진이나 의궤를 보면 똑같은 사각 소반에 똑같은 상차림을 하여 1인 1상의 잔치를 했지만 60년대 필자가 성장하던 시기에는 그런 사각 소반이 아닌 긴 교자상에 음식을 차려 내놓는 방식이 보편적인 잔치 모습이었다. 그 때 가장 실속있는 아이들이 엄마가 '과방(果房)'이라 하여 만든 음식을 차려내는 곳에서 일하는 아이들이었다. 틈틈이 자기 아이들에게 한 상씩 차려 건네주는 것을 실컷 먹을 수 있는 입장이었고, 조금 주인마님이 엄격한 경우에는 담 너머에 기다리고 있는 자기 아이들에게 주인 눈길을 피해 넌지시 상을 넘겨다 주기도 하곤 했었다. 이런 풍경은 먹을 것이 절대 부족하던 시절에만 있었던 일이니 요즘처럼 무료 급식도 맛없다고 남기는 아이들에게는 전혀 이해가 되지 않는 일일 것이다.

심지어는 조금 잘 나가는 집안의 경우 봄 가을로 전사 혹은 시제(時祭)라 부르는 큰 제사를 지내는 데 이 때는 제관으로 참석한 친족뿐만아니라 뒤에 병풍처럼 서 있는 동네 아이들에게도 제물(祭物)을 골고루 나누어주는 일종의 구휼(救恤)의 풍습이 있었다.
우리 집안의 경우를 예로 들면 절편 큰 것 하나와 작은 것 하나와 대나무에 꽂힌 쇠고기 산적(蒜炙)과 야채 꼬치 그 외 기름질한 고구마 생선 육전 부침개 몇 가지를 어른과 아이들을 조금 구분해 나누어 주었던 것으로 기억된다. 심지어 우리 할아버지 전사에는 우리들은 학교에 가고 이웃의 조금 가난한 집 아이들은 학교에 가지 않고 우리 집안 전사에 참석하여 떡과 꼬치를 얻어 온 집안이 오랜만에 고기맛을 보곤 하기도 했었다. 이런 전통이 아직 위촌리에 그 흔적이 남아 있어 집단적인 취식을 하는 것을 보면 과거 생각이 나곤 한다.

위촌리의 윗마을은 송암리(松岩里)이다. 이름 그대로 이 마을엔 소나무와 바위가 많아 송암리라 불려졌다. 대관령 아래서 출발하는 바우길이라는 걷기 올레길이 이 마을을 지나 위촌리를 거쳐 가듯이 마을은 경포호수를 채우는 물인 경포천이 동네 뒷산인 미리재에서 발원하는 곳이기도 하다. 그래서 예로부터 좋은 음택(陰宅) 즉 명당인 묏자리가 많은 곳으로 알려져 있었다.

〈바우길 송암리 위촌리 구간을 걷는 사람들〉

현재 위촌리에 위치한 송양초등학교는 원래 이 송암리에 있었으나 취학 아동이 위촌리가 점점 많아져 밀려 지금의 자리로 옮기게 되었다. 송암리의 송(松) 자와 위촌리 양짓말에 있던 일제에 대한 저항적 성격을 지니고 있던 양석재라는 서당의 이름에서 양(壤) 자를 취하여 송양(松壤)초등학교라 했다고 한다. 현재의 학교 아래 기와집 부근에 양석재 서당이 있었는데 일제시대 일본놈들이 강제로 없애버렸다고 한다.

⑦ 어흘리와 대굴령

어흘리는 1914년부터 본격적인 구역 명칭이 되며 당시 행정당국에서 가마골, 문안, 반쟁이, 굴면이, 망월이, 제민원을 합쳐 어흘리라고 했다고 한다. 어흘리는 대관령을 끼고 있는 비교적 넓은 지역으로 정상에서 내려오는 산줄기의 모습이 넓고, 기다랗게 물건을 늘어놓은 것처럼 되어 있다.

〈대관령 정상의 강릉시 경계 표지석〉

그러나 저러나 어흘리는 한 마디로 대관령 아래 첫 동네이다. 예전 자동차 교통이 일반화되기 이전 대관령을 도보로 넘는 코스는 아마도 밭갈이 코스, 보광리 코스와 어흘리 코스가 있었다고 하지만 누가 뭐래도 흔히 '대관령 옛길'이라고 하면 어흘리를 떠올리듯 이 어흘리를 통해 대관령을 넘는 것이 주코스였고 또 이용객도 가장 많았을 것이다. 임진왜란 때 가등청정의 왜군이 넘었다는 길도 이 길이었을 것이고, 6.25 때 강릉 주둔의 8사단이 황급히 후퇴할 때 넘은 것도 이 길이었을 것이고 신사임당을 비롯한 강릉사람들이 수많은 애환을 담고 서울을 오가는 길로 넘나 들었던 길이 바로 이 어흘리 코스였을 것이다. 최초의 국도(國道)가 생긴 것도 고속도로가 생긴 것도 바로 이 어흘리길이었다. 과거 영동고속도로 시절에는 그래도 어흘리 말랑 즉 대관령 휴게소 지나 '강릉시'라고 크게 써놓은 돌맹이를 지나자마자 눈 앞에 바다와 함께 강릉시 가지가 한 눈에 들어오면서 '와! 강릉이다.'는 탄성을 일으켜 자던 사람도 엉덩이를 들어 내려다보곤 했었는데, 요즘 새로 생긴 고속도로는 온통 산을 직선으로 뚫고 지나가서 어디가 어딘지 모르겠어서 빠르긴 하지만 낭만은 사리진 듯하다.

 어떤 학자가 빠른 교통기관은 곳곳에 위치한 도시라는 점과 점을 연결하여 그 사이의 면(面)을 사라지게 한다며 '공간을 압축한다'는 표현을 쓴 것을 보았는데 정말 그 말이 맞는 것 같다. 교통수단이 빠르면 빠를수록 압축률은 높아진다는데 과연 그런 것이 요즘 KTX를 타고 서울에 다녀오면 그 중간에 평창을 지났는지 원주지역을 지났는지 아예 모를 뿐아니라 심지어 계절감을 잊을 정도로 아예 기차 밖을 내다볼 기회도 없다. 그러나 그냥 강릉역과 서울역이 점에서 점으로 연결된다는 것이니 대관령 중턱에서 친정집이 있는 방향을 내려다보며 고향 떠나는 이별의 아픔과 그리움을 한시(漢詩) 한 수로 나타낸 사임당의 이야기가 전설이 될 수밖에 없는 것이다.

〈대관령 옛길 중턱 반젱이(半程)의 탑과 신사임당 사친비〉

오죽헌의 신씨네 딸이 신사임당이 될 수 있었던 것은 아버지 신명화 씨가 조선 중기 사람으로는 매우 드물게 양성평등 의식을 가진 사람으로 총명한 딸에게 교육 받을 기회를 제공하였다는 점과 함께 그녀가 결혼한 뒤에도 당대의 사회적 환경, 즉 시집살이보다는 친정살이가 일반적이던 시대여서 시가(媤家)가 아닌 친정에 살며 가사(家事)일로부터 해방되어 시작(詩作)과 회화(繪畵) 작업에 격려를 받았을 것이기 때문이다. 그것은 사임당보다 불과 얼마 뒤에 태어나 처녀시절 뛰어난 재능을 보였던 허난설헌이 시집살이를 시작하면서 겪었던 좌절과 절망을 생각해 보면 신사임당의 삶에는 행운도 살짝 얹어져 있었던 것이다. 그러던 신사임당도 강릉에서의 친정 생활을 정리하고 어머니를 떠나 한양으로 가면서 대관령을 넘으며 친정을 작별하는 소회를 시로 남겼다. 그 시가 바로 '유대관령망친정(踰大關嶺望親庭)'이라는 시이다. 대관령 중턱 반정(半程)이에 세워진 〈신사임당 사친비〉에 실려 있는 시가 바로 이것이다. 잠깐 소개해 본다.

慈親鶴髮在臨瀛(자친학발재임영)
하얀 머리의 자애로운 어머니 임영(강릉)에 두고
身向長安獨去情(신향장안독거정)
장안(한양) 향해 홀로 가는 이 마음
回首北村時一望(회수북촌시일망)
고개 돌려 북촌(오죽헌)을 한 번 바라보니
白雲飛下暮山靑(백운비하모산청)
흰 구름 나는 저 아래 저무는 산만 푸르구나.

그런데 사실 신사임당에게는 '사친(思親)'이란 시가 따로 있다. 반쟁이에 있는 탑이 사친시비(思親 詩碑)라고 이름 붙인 것을 무색하게 하는 진짜 사친시이다. 아마도 서울 시댁에 가서 살며 고향 강릉을 그리워한 시로 보인다.

千里家山萬疊峯(천리가산만첩봉)
천리 먼 고향 만 겹 봉우리 저쪽인데
歸心長在夢魂中(귀심장재몽혼중)
돌아가고 싶은 마음은 늘 꿈속에 있네
寒松亭畔孤輪月(한송정반고윤월)
한송정 가에 외로이 뜬 둥근 달
鏡浦臺前一陣風(경포대전일진풍)
경포대 앞에 한 줄기 바람
沙上白鷺恒聚散(사상백로항취산)

갈매기는 모래 위에 모이락 흐트락
波頭漁艇各西東(파두어정각서동)
파도 위에 고깃배는 이리저리 오가고
何時重踏臨瀛路(하시중답임영로)
어느 때 강릉 길 다시 밟아 가
綵舞斑衣膝下縫(채무반의슬하봉)
색동옷 입고 어머니 곁에서 바느질할까

  어흘리는 주위의 여러 지역을 총칭한 지명인데 '어울리다, 어울어지다' 라는 뜻의 말을 음차한 것이다. 정선군 여량의 그런 물길이 합쳐지는 지점을 '아우라지' 라고 부르는 것과 마찬가지이다. 모두 우리 옛말 '얼다' 에서 파생된 단어들이다. '얼다' 란 단어는 '동일 혹은 이질적인 것이 한데 엉겨 한덩이가 되다' 정도의 폭넓은 의미를 가졌던 옛말이다. 우리가 현재 사용하고 있는 '얼음이 얼다' 란 말도 따지고보면 물 알갱이 하나하나가 엉킨 상태를 가리키는 말이고 거기에 명사화 접미사를 붙이면 '얼개' 즉 구조(構造)라는 의미를 갖게 되는 것이다. 지금은 잘 사용하지 않지만 두 물 줄기가 합류(合流)하는 것도 일종의 '얼다' 이니 그런 상태를 지리적으로 '아우라지 어울리' 등으로 말할 수 있었던 것이다. 친구들끼리 좋은 일이 생기면 '얼싸' 안는 것도 그런 의미에서 온 것이다.

  심지어 신라 시대에는 이 단어가 더 에로틱한 뜻으로도 쓰였으니 그 증거는 유명한 향가 '서동요(薯童謠)' 에 있다. 서동요에서 원문은 '他密只 嫁良置古' 를 선화공주님은 '남 몰래 얼어 두고' 라고 해석하는 부분이 있는데 이 중 가(嫁)의 의미가 바로 '얼다'

이다. 혼히들 가(嫁) 혹은 '얼다'를 교육상 체면상 '시집가다' 정도로 새기는데 사실 이 말은 그보다 훨씬 원초적인 의미이다. 즉 '남녀가 한데 엉켜 붙다' 즉 '성적(性的) 접촉을 하다'는 의미인 것이다. 이것에 명사화 접미사 '에'를 붙여 사용하기도 했다. 어린 시절 동네 길가에서 개들이 교미하는 현장을 보면 '얼레 붙었다. 혹은 흘레붙었다'고 하는 단어로 그 광경을 묘사했는데 다 여기서 나온 말들이다. 심지어 어릴 때 남녀가 가까이 붙어 가면 동네 악동(惡童)들이 '얼레리 꼴레리' 하고 놀리곤 했었는데 이 단어들도 사실 어원적으로 '얼다'에서 파생된 것들이다. 즉 여러 골짜기의 물이 합수하여 어울어지는 곳이니 지명으로 이보다 더 나은 것이 없을 것이다. 그리고 어홀(於屹)이라는 것은 한자어의 의미를 굳이 따져보자면 여기서부터 산이 높아진다는 의미를 다소 억지로 부여할 수도 있을 것이다.

　어흘리는 문자 그대로 대관령 아래 첫 동네로 국립 대관령 휴양림과 치유센터가 모두 이 마을에 있다. 예전에는 대관령을 걸어 넘어가는 길인 옛길과 반쟁이가 여기에 있고 평창군과 경계를 이루는 것이 이 마을이다. 앞의 금산리 이야기에서도 언급했지만 일제 강점기까지만 해도 작게는 횡계에서 크게는 대화까지 모두 강릉권이었고 심지어 '서강릉'이라 불리기도 했었고 그 마을 주민의 모든 생활권이 강릉이었다. 시집 장가도 모두 강릉을 중심으로 오고 가서 동네마다 '영세집' '대화집'이 즐비했었고, 이효석의 '메밀꽃 필 무렵'에서도 주인공 장돌뱅이들이 '물건을 떼러 강릉에 갔다 온'이란 구절이 있는 것을 보면 당시 강릉은 요즘 말로 그 지역의 '동대문 남대문 시장'의 구실을 했었다는 것을 알 수 있다. 5일장을 공유하고 혼사(婚事)를 공유하는 동일 생활권이었던 것이다.

얼마 전까지만 해도 평창군의 도암면은 물론이거니와 대화면 진부면 쪽의 사람들은 자녀들을 전부 강릉 시내의 중고등학교로 진학시키고, 그 곳의 초 중등학교나 관공서에 가면 선생님이나 공무원들이 전부 강릉에 집을 둔 사람들이 출퇴근을 하고 교무실이 강릉 사투리로 그득했었는데 요즘은 대부분 원주 사람들이 그 위치를 차지하고 있다. 도로 교통의 변화 때문이기도 하겠지만 강릉의 사회적 위상(位相)과 거주지로서의 격(格)이 하락한 것과도 관계있을 것이다.

동계올림픽이 2018 평창올림픽으로 명칭이 정해진 뒤 도암면 사람들이 갑자기 눈이 홱 돌아가서 그 동안 자신들의 중심이라고 생각했던 강릉에 반항하기 시작하였다. 사실 올림픽의 숙소나 경기장 등의 시설들이 강릉에 더 많이 위치하고, 부대 행사도 강릉에서 열린 것이 더 많았으나 그들은 IOC가 설상(雪上) 경기 즉 스키경기를 빙상(氷上) 경기보다 우선순위를 앞에 두어 올림픽 명칭은 설상경기를 중심으로 붙여 평창올림픽이라 불린다는 사실을 안 뒤 갑자기 목에 힘이 들어가 허세를 부리기 시작한 것이다. 그들이 처음 한 일은 도암면이라는 멀쩡한 면이름을 뜬금없이 대관령면으로 바꾼 것이었다 강릉시에서 반대했음에도 불구하고 올림픽 개최지라는 프리미엄을 믿고 밀고 나갔던 것이다.

상주 인구가 불과 수 천 명에 불과한 도암면과 횡계리가 그 곳에서 개막식을 유치하고 기념관을 유치하는데는 성공했지만, 올림픽이 끝나고 흥분이 가라앉은 뒤 그런 시설을 지속적으로 유지할만한 예산의 근거가 되는 인구나 행정조직이 받쳐주지 못한다는 것을 그들은 어찌 몰랐을까. 도암면(대관령면)보다 예산 규모가 수 십배가 넘는 강릉시도 선수촌 아파트가 모두 분양되기는 했으나 올림픽 타운의 빙상경기장 등 각종 시설물을 유지하는데 골머리를 앓고 있는데 하물며 그 곳의 예산 상황은 불면가지일 것이다. 올림픽의 성화가 꺼진 얼마 뒤 결국 개최식 장소는 흉물로 황폐화되고, 심지어는 급격한 공사의 후유증인 토사 유출로 인해 때 아닌 홍수 피해를 입기까지 했다.

그 곳의 골프장도 손님의 90%가 강릉시민들이고 선자령이나 양떼목장을 등반하고 관광하는 사람이나 그 곳의 식당을 드나드는 사람도 대부분 강릉시민들이다. 겨울에는 물론 서울 사람들이 스키를 즐기러 몰려오긴 하지만 겨울 한 철 장사 가지고 먹고 살 수 없다는 것은 자명한 일인 것이다. 더구나 대관령에 스키 타러 오거나 골프 치러 오는 서울 사람들은 대개 수준들이 높아 횡계에서 소비생활을 하는 사람은 거의 없는 것으로 알고 있다. 반면에 강릉 사람들은 저녁 시간에도 스키 타러 대관령에 가서 즐기다 돌아오고 골프장도 늘 썰렁한 정규 코스보다는 오히려 상대적으로 값싼 퍼블릭 코스를 이용하는 강릉사람들이 끝나고 점심을 먹는 등 횡계에서 소비생활을 하게 마련인 것이다. 이런 점을 그들이 아는지, 아니면 반성하고 있는지는 나도 잘 모르겠지만 그들이 마치 대관령의 주인인 것처럼 대관령면이라고 명칭을 변경한 것은 쉽게 인정하기도 힘들고 잊기도 어려울 것 같다. 그러다 보니 사실상 대관령을 소유한 이 어흘리에서 국가 기관 이외의 식당 카페 등은 울며겨자 먹기로 '대굴령'이라는 강릉 사투리로 자신들의 위치를 알리고 있다.

분명히 다시 말하지만 대관령은 정상이 832미터이고, 그리고 거기보다 더 높은 선자령과 능경봉을 중심으로 능선의 왼쪽은 평창군이고 동쪽은 강릉시이다. 우리가 대관령이라고 말하면 그것은 구불구불하며 올라가는 길을 말하는 것이지 그 위에 펼쳐진 평탄 고원을 말하는 것은 아니다. 그런데 동쪽 사면의 험난한 길을 강릉시가 소유하고 있는데 평창군은 그 이름을 자기들 면(面)인 도암면에다 붙여버린 것이다. 동해(東海)를 일본해라 우기는 것과 무엇이 다른가. 그나마 일본은 동해의 오른쪽 부분을 국토의 일부와 접하고 있기는 하지만 고개 전부가 강릉시에 속해 있는데 대관령면이라 명칭을 바꿔 마치 평창군이 대관령 전체를 소유하거나 관할하고 있다고 대외적으로 행세하고 있는 것은 좀체로 참기 힘들다는 것이 내 의견이다. 분수령 서쪽 고원 지대의 물은 한강을 통해 서해로 흘러들어가고 동쪽은 강릉 남대천을 통해 동해로 흘러가고 있지 않은가. 그래서 강릉 사람들이 붙인 그 동네 이름이 횡계(橫溪)였던 것이다. 강릉사람들 눈에 모든 물은 동류(東流)하는데 그 곳에서는 서류(西流)하니까 그들의 눈에는 이상하게 보였을 것이고 그래서 횡계(橫溪)라고 이름지어 불렀던 것이다. 그래서 분수령 동쪽면이 구불구불한 길이기에 진짜 대관령 고개이고 서쪽면은 고원 분지 형태로 일찍이 박정희대통령의 특혜로 삼양식품이 라면 스프에 첨가하는 쇠고기분말로 쓰기 위해 소를 키우는 농장으로 개발하는 등 대관령 길과는 상관이 없다.

대관령이란 명칭도 문자 그대로 강릉으로 대표되는 영동지방과 서쪽지방을 연결하는 큰(大) 관문(關門)이 있는 고개(嶺)라는 뜻이라는 것을 아는지 모르겠다. 더구나 정상 바로 옆에는 대관령을 통해 드나드는 강릉 사람들을 보호한다는 대관령 국사성황당과 산신각이 위치하여 매년 거기서 신위와 신목을 모셔와 유네스코 인류문화유산인 단오제 행사를 치르는데 거기가 대관령면에 속한다니 진짜 대관령을 보유한 성산면과 어흘리 입장에서는 두 눈 빤히 뜨고 상징을 빼앗겨 버린 셈이 되는 것이다.

행정이 장난인가? 영월군이 존재 여부도 확실하지 않은 인물인 김삿갓을 관광자원화 하기 위해 김삿갓면을 만들고 또 물이 굽이치는 곳을 한반도면으로 개칭했다고 하고 양구군은 한반도정중앙면으로 바꾸었다고 하니 무슨 역사가 장난인가 싶다. 그저 한 두 푼의 관광수입에 목매여 유구한 역사와 선조들의 살아온 사연이 담긴 지명을 하루 아침에 바꾸어 버리는 이런 지역에 무슨 은근과 끈기가 있고 역사 의식이 있어 관광객이 찾을 것인가. 그나마 영월이나 양구는 동면 서면 남면 북면처럼 무미건조한 면(面) 이름을 나름 의미있게 바꾸었다고 하지만 도암면은 나름 전통있는 이름을 가졌었다는 점에서 더 안타깝다. 사실 평창군의 대화 진부 봉평 용평 도암 등의 지역은 일제 강점기 중반까지만 해도 강릉군에 속해 있던 지역이었기 때문에 살짝 배신감마저 드는 것이 솔직한 심정이다.

오늘도 어흘리를 통하는 대관령 옛길을 등반하는 사람들로 붐비며 거기서부터 시작되는 바우길을 답사하며 걷기운동을 하는 사람들로 넘쳐 난다. 위촌리 출신으로 그 곳에서 직접 농사도 지어본 적이 있는 소설가 이순원씨가 제주도 올레길 못지 않은 길이 여기에도 있다며 오랜 시간 답사하여 개척한 '바우길'이며 지금은 많은 사람들이 안내판을 따라 구간별로 걷기운동을 즐기고 있는 것으로 알고 있다.

그 바우길의 출발점인 어흘리 입구에 자리잡고 있는 박물관이 바로 대관령 박물관이다.

대관령 옛길 1번지에 위치하는 이 박물관은 1993년 홍귀숙이란 분이 그 동안 자신이 수집한 고미술품을 비롯한 전통 유물 등 자신의 소장품을 전시하기 위해 개관하였다. 처음 문을 열었을 때는 강릉에 그 분이 최규하 전대통령의 처제(妻弟)이다 등의 소문이 파다했으나 사실 여부는 잘 모르겠다.

　대관령 박물관은 옛 영동고속도로 바로 옆에 자리잡고 있어 교통상의 접근이 용이하며, 대관령을 뒷배경으로 아늑한 느낌을 주는 고인돌 형태의 건물로 지어졌다. 박물관은 한국건설협회와 설계사협회에서 선정한 우수건축상 및 강원도 최우수상을 수상한 건축물로, 자연림으로 숲을 이룬 주변과 어울려 전혀 튀지 않는 구도로 되어 있다. 즉 주변과 잘 어울어지는 건물이라는 말이다.

〈대관령 박물관〉

〈대관령 박물관 야외 석조 전시품들〉

박물관장인 홍귀숙선생은 강릉 지역의 역사와 문화를 체계적으로 발굴하여 전승해 나가기 위해서 자신의 힘만으로는 한계가 있었다고 말하시며 2003년에 박물관을 강릉시에 기증하는 과감한 선택을 하셨고 이후 박물관은 강릉시가 인수하여 시립으로 재등록했다.

박물관은 선사시대부터 근대까지 총 2,000여 점의 유물을 6개의 실내 전시관과 야외 전시장에 소장하거나 전시하고 있다.

전시관은 전통적 사방을 상징하는 좌 청룡, 우 백호, 북 현무, 남 주작의 4개 전시실과 토기실 및 민속품이 전시된 우리방의 2개 전시실을 포함한 총 6개의 전시 공간이 있으며 방마다 특징적인 장식과 색으로 구성되어 있다.

실내 전시공간은 백호방, 현무방, 토기방, 청룡방, 우리방, 주작방으로 나뉜다.

백호(白虎)방은 전체 전시실의 중심 공간으로 서방을 상징하는 흰색으로 꾸며졌다. 우주를 상징하는 둥근 천장에서 들어오는 자연광과 오방색의 띠를 두른 기둥 등으로 이러어진 이 전시실에는 불교미술품과 가마솥, 각종 전적과 목각인형 등이 전시되어 있다.

현무(玄武)방은 북방을 상징하는 검은색으로 꾸며진 전시실로 금동과대·청동거울·청동초두 등 신라시대에서 조선시대에 이르기까지의 청동유물이 전시되어 있다.
  청룡(靑龍)방은 동방을 상징하는 푸른색으로 단장했으며 청자·분청사기·백자·청화백자 등 전통도자기가 전시되어 있다.
  주작(朱雀)방은 남방을 상징하는 붉은색으로 표현된 전시실로, 초례청에 놓이는 교배상과 가마가 놓여 있으며 벽면에는 서화가 전시되어 있다. 박물관 앞쪽과 옆쪽으로는 불교 관련 석조물인 탑·석등·부도 등이 있고, 뒤쪽에는 문인석과 동자상이 전시되어 있다.
  토기(土器)방은 진흙과 새끼줄을 이용해 선사시대의 움집을 연출한 전시실로, 청동기시대의 붉은간토기·돌칼을 비롯한 삼국시대의 독무덤, 굽다리접시 등이 전시되어 있다. 우리방은 사랑방과 안방을 장식했던 목가구를 비롯한 민속공예품이 전시되어 있다. 박물관 뒤편 언덕에 위치한 야외전시장에는 문관석, 동자상, 향로석, 남근석 등 석조물이 있다.

〈대관령 소나무〉

어흘리가 가진 모든 것은 대관령과 관계 깊은 데 그 중의 대표적인 것이 대관령의 천연 소나무 숲이다. 전국의 모든 소나무숲이 송충이와 솔잎 혹파리의 공세에 붉게 타들어가며 죽어갈 때도 이상하리만치 이 대관령의 숲은 여전히 그 푸르름을 유지하고 간직해 왔다.

주변에서는 동해안의 소금끼 있는 바람의 공세 속에서 성장한 소나무가 나름의 '깡'이 있어서 송충이나 솔잎혹파리를 이겨낼 수 있는 기초 체력이 탄탄하기 때문이라고도 하고 아예 금강송(金剛松)이라는 별칭이 있듯 이 곳 소나무는 속에 송진으로 꽉 차 있어 목질(木質)이 딴딴하다고 주장하기도 한다. 과학적 사실 여부는 나도 잘 모르지만 어찌되었든 강릉의 소나무들은 다른 지역과는 달리 송충이와 솔잎혹파리의 공세로부터 살아 남았고 심지어는 주변에서 수시로 발생하는 산불의 공세 속에서도 살아 남아 여전히 푸르다. 그래서 소나무 한 그루 한 그루는 더 없이 소중한 존재이다. 어려서부터 이 소나무들을 보고 자란 이 동네 출신 소설가 이순원이 아들과 함께 이 길을 걸으면서 '아빠는 소설을 쓰고 책을 펴내면서 늘 내 책이 이 소나무를 베어 만든 종이로 찍어낸다는 생각을 하며, 내 글이 내 책이 그만큼 가치 있는 글인가를 되새겨 본단다.'고 말하는 장면이 있다. 어쩌면 어떤 위대한 글도 소나무 한 그루보다 더 소중하다고 감히 주장할 수는 없을 지도 모른다.

예전 시골마을에서 땔감을 할 때도 100년 이상 묵은 소나무는 영물(靈物)로 취급하여 절대 건드리지 않았다. 다만 마을 장사(葬事)에 사용할 칠성판(七星板)을 만들 때 정도만 한 그루씩 소중하게 베어 사용했다.

지난 2008년 숭례문 복원 사업을 시작했을 때 대들보와 큰 기둥에 사용할 소나무가 이 곳 대관령 숲의 것들이 이용되었다. 사실 궁궐 복원이나 사찰 증축에 필요한, 그 중에서도 운반 가능한 지역에 자생하고 있는 거대한 소나무는 강원도 지역 중 대관령과 삼척의 준경묘 영경묘 부근외엔 거의 찾아 볼 수 없다. 경상북도 울진군에서는 불영(佛影)계곡 가는 길에 금강송면이라는 행정구역까지 만들어 소나무를 자랑하고 있고, 일제시대 일본으로 반출되어 춘양목(春陽木)이라는 고유 명사까지 생기게 한 춘양(春陽)지역의 소나무도 유명하나 현재 그 지역은 각종 해충(害蟲)과 산불 때문에 큰 소나무는 거의 없기 때문이다.

　보현사 앞 대공산성 올라가는 길, 현재는 바우길 2,3구간으로 불리는 길에는 어명정이라는 재미있는 이름의 정자가 하나 있다. 그 정자 밑에는 소나무 그루터기가 있는데 거기에는 사연이 있다. 2007년도 광화문 복원에 사용하기 위해 이곳 소나무들이 벌채가 되었다.
　우리 민족은 옛날부터 큰 소나무를 베거나 땅을 팔 때는 토지신(土地神)에게 고유제(告由祭)를 지내는 전통이 있다. 요즘은 보기 힘들지만 예전 시골에서 새로 묘를 쓸 때는 장사 날 아침 인부들이 묘자리를 천광(穿壙)하기 전에 반드시 닭 한 마리를 잡아 그 피를 뿌리며 땅의 신에게 고유(告由)로 '어쩔 수 없이 상처를 내어 죄송하다' 며 큰절을 했던 것이다. 그러지 않으면 소위 '동티' 가 난다고 하여 모두들 꺼림칙하게 여기기도 했다. 그래서 큰 소나무를 벌채할 때는 소나무를 벤다는 고유제를 지내고, 벌채 대상목 옆 나무에 북어와 창호지를 실타래로 묶는 소매지기, 벌채목 밑동의 껍질을 벗기는 근부박피, 검인 도장 낙인 등의 까다로운 절차를 거친 이후에 목수가 도끼질하는 본격적인 벌채작업이 진행된다고 한다. 문제는 첫 도끼질을 하면 '동티' 가 날 수 있다고 모두 첫 도끼질을 꺼린다는 것이다. 그것은 땅의 정령(精靈)이 만약 복수의 칼을 든다면 자신이 옴팡 뒤집어 써야 한다는 공포일 것이다. 마치 멧돼지 사냥에서 가장 위험 지수가 높은 선창(先槍)꾼이 가장 큰 고깃덩어리로 보상 받는 경우와 같을 것이다. 늘 날카로운 도구들을 다루는 목수일에는 늘 사고의 위험이 따르게 마련이니 목수들은 그런 일에 유난히 민감한 편이다.
　이 때 사용하는 편리한 방법이 어명(御命)을 핑계대는 방법이다.

나는 교직 시절 태백시에 몇 년 거주한 적이 있었는데 그 때 본 광경 중에 이 어명을 외치는 장면을 본 적이 있다. 아는 분은 아시지만 태백시에 있는 태백산은 그 정상에 단군(檀君)에게 제사하는 천제단(天祭壇)이 있고 산 입구는 당골이라 불리고 행정명으로 소도(蘇塗)라는 동네가 있을 정도의 무속의 신성이 가득한 곳이다. 전국의 무당들이 일변에 한 번씩 이 당골에 메카를 순례하는 이슬람교도처럼 들러 그들이 모시는 신에게 기도하여 무력(巫力)을 강화하곤 했었다. 그러다가 보니 골짜기 곳곳에 촛불을 켜 놓은 사설 제단이 많이 만들어져 있어 산불 위험이 높았다. 태백시에서는 정기적으로 당골의 그런 제단들을 철거하곤 했는데 문제는 데리고 간 인부들이 아무도 제단을 부수는 첫 삽질을 하지 않으려 한다는 것이었다. 그래서 돌아가면서 첫 삽질을 했는데 그럴 때 옆에 있는 사람이 '어명이요'라고 크게 외치고 있는 것을 보았다. 임금의 명령이라고 해야 당골의 신들도 납득하여 해꼬지를 하지 않는다는 것이었다.

남대문과 경복궁 복원 얘기가 나온 김에 한 마디만 더 붙이자. 그 복원을 담당한 총대장인 도목수가 신응수 대목장이었는데 이 분이 한 때 파렴치범이 되고 심지어는 구치소 생활도 한 적이 있었다. 필자는 목수 일을 배우지 않았지만 이런 나도 상식적으로 알고 있는 사실이 있다. 그것은 나무는 베어서 말리고 찌고 말리고 하는 건조 과정을 몇 년은 해야 실제로 집을 짓거나 가구를 만드는데 사용할 수 있다는 것이다. 남대문이 어떤 미치광이의 방화로 불탄 뒤 서울 한복판의 시커먼 타고난 잔해를 차일을 둘러 가린 뒤 당시 정부는 급하게 복구를 서둘렀다. 그래서 강원도의 몇 군데 소나무 벌채를 허가하기도 하였다. 이 어명정의 소나무도 그래서 벌채된 것 중의 하나였다. 문제는 그렇게 벤 소나무는 그 상태 그대로 사용할 수 없다는 것이다. 그런데 정부에서 빨리 복구하라고 채근을 해대니 신응수 대목장은 할 수 없이 자신이 목재소에 보유하고 있던 충분히 마른 나무로 복구 작업을 시작할 수 밖에 없었다. 그런데 상식 밖의 기자가 특종 보도를 했다. "신응수 대목장, 국가에서 제공한 복원용 소나무를 빼돌리고 자기 것으로 대체하다"라는 보도 내용이 그것이었다. 사실이나 진상을 모르는 국민 여론은 들끓었고 결국 신응수 대목장은 법적 조치를 받았던 것이다. 이런 전개가 대한민국에서 벌어지는 일들이다. 어명정에서 어명이요라고 외치고 베어낸 소나무는 당장 사용할 수 없는 생나무요 적어도 3-5년은 말려야 목재(木材) 혹은 동량지재(棟梁之材)가 되는 것이다. 한국인의 빨리빨리 문화라는 조급증이 빚어낸 슬픈 우화(寓話) 한 자락이다.

어명정은 바로 금기(禁忌)를 따지는 민간 풍속의 산물이다. 큰 나무를 벨 때 그런 소나무는 영물(靈物)로 보기 때문에 임금의 명에 의해 어쩔 수 없이 손을 대게 되었다는 양해를 구하는 차원에서 어명이라는 것을 강조해 외치면서 자신을 소나무 정령의 해꼬지로부터 보호하는 것이다. 세 번의 도끼질이 끝나면 톱을 든 목수가 나서서 정리를 하게 된다. 요즘은 전기톱을 사용하지만 예전에는 아주 자리를 틀고 앉아 한 나절 톱질을 해야 했다고 하는데, 톱을 들고 나무를 베어 넘기는 목수야말로 정말 기가 센 사람이라고 한다.

〈어명정과 그 옆의 위령제 때의 사진〉

어명정은 남대문 복원용 소나무가 벌채된 자리에 세운 정자다. 정자 한가운데에 벌채한 소나무 그루터기를 전시해 놓았다. 그리고 당시 지냈던 위령제 사진도 있다. 그 옆에는 내가 강릉에서 가장 시인(詩人)같지 않은 시인(時人)이라고 생각하는 엄모 씨의 기념시가 기둥 위편에 걸려 있기도 하다. 하긴 강릉에는 문향(文鄕) 혹은 예향(藝鄕)이라는 이름답게 수 천명의 크고 작은 시인들이 계신다는데 그 대량 배출의 초입(初入)에 이 분이 가이드로 서 계셨었다는 풍문도 떠돌곤 한다. 그 덕분에 강릉은 시읽기 교실 등 문학 강좌가 성행하고 낭송가들도 곳곳에서 공연하는 등 예술적 향기가 커피향과 어울려 사람을 황홀하게 한다. 국문학을 전공한 필자만 저만치 혼자서 떨어져 있다.

어흘리의 이 소중한 소나무 숲 속에는 국립대관령 자연휴양림과 국립대관령 치유의 센터숲이 위치하고 있다. 옛 영동고속도로인 경강로에서 갈라진 삼포암길의 끝자락에 있는 국립 대관령 자연 휴양림은 전국 최초의 국립 휴양원으로 부근의 수많은 펜션과 오토 캠핑장 야영장을 구비하여 놓고 방문객들에게 맑은 공기와 몸에 좋다는 피톤치트향을 공급하고 있다.

필자도 교사시절 동아리 학생들을 데리고 그 곳 통나무집에서 하루를 지낸 적이 있는데 아무 것도 하지 않고 계곡의 물소리와 소나무 사이를 스치는 바람소리만 들으며 멍을 때리다 왔는데도 피로가 싹 풀리는 신비한 체험을 했다. 많은 사람들이 찜질방에서 땀을 내며 피로를 풀고 있지만 주말에 한 번쯤 이런 숲 속에서 시간을 보내는 것이 정신적 피로 회복에는 찜질방에서 양머리하고 식혜 먹는 것보다 더 나을 것이다.

〈국립 대관령 휴양림 속 각종 건축물들〉

　국립 대관령 휴양림이 숲과 숙박하는 곳만 제공하고 쉬는 것에는 간섭하지 않는 곳이었다면 산림청이 적극 나서서 숲 속 체험을 인도하고 숲 속에서 현대인의 스트레스를 해소할 수 있게 보다 한 발 더 다가온 곳이 국립 대관령 치유 센터이다.

〈국립 대관령 치유 센터와 관련 행사 모습〉

　요즘은 등산로를 비롯하여 맨발 걷기, 소나무 안고 명상하기 등등 건강을 위한 각종 설비와 시설을 갖추어 놓고 이용자들을 기다리고 있다.

　어흘리에는 이런 국가 운영하는 시설 이외에도 각종 특징을 갖춘 카페들이 있어 많은 사람들이 찾기도 한다. 얼마 전 보현사 입구의 어흘리 246이라는 카페를 방문했는데 아무도 찾지 않던 시골구석에서 동네 주민이 오랫동안 정성스럽게 가꾼 정원의 아름다움이 비로소 빛을 보고 있었다.

〈보현길 가에 있는 어흘리 246 카페〉

마무리 말

마무리하며

나는 구정리에서 태어나 그 곳 구정초등학교를 졸업하고 경포중학교에 들어갔다가 동일계 강릉고등학교를 졸업한 19살에 곧바로 교단(敎壇)에 섰다. 내가 교직 첫 경험을 한 곳은 당시 강릉시 용강동에 있던 강릉법원과 검찰지청이 새 건물을 지어 이사간 뒤에 그 자리에 개설한 야간학교였다. 박정희시대 냄새가 물씬나는 <임영재건학교>가 학교 이름이었고 그 곳에서 자원봉사하며 나는 나보다 20살은 많은 중학생 고등학생 아줌마 아저씨들을 앞에 놓고 국어랍시고 가르쳤다. 그러다 대학을 그만 두고 다른 대학으로 진학하면서 야간 학교에 나가거나 후배들에게 한문을 강의하는 등으로 교단과의 인연을 이어갔다.

79년에 대학을 졸업하고 군대에 갔다가 마침 육군본부에서 박정희가 피살 당한 10.26사태, 전두환이 하극상을 일으켜 쳐들어온 12.12 사태, 그 후 신군부가 광주에서 자행한 5.18 광주민주화운동 등 못볼 꼴만 잔뜩 보고 제대했다. 그 후 고성중학교, 북평고등학교, 경포고등학교, 강릉여자고등학교, 장성여자고등학교, 고한여자고등학교 등을 거쳐 2003년에 모교인 강릉고등학교에서 퇴직했다. 그 후 10년 간 논술학원을 운영한 뒤 그 자리에 2013년부터 인문학연구소를 열어 오늘에 이르고 있다. 그 곳에서 나는 지인들과 책 읽기 작업을 시작했고 아따금 미학탐사대란 이름으로 문화답사여행을

하기도 했다. <곰브리치 미술사>에서 시작하여 10년이 지난 현재 <고문진보(古文眞寶)>에 이르기까지 꽤많은 책들을 함께 읽었다. 나이가 한 살 한 살 들어갈수록 부끄럽지만 살아오면서 겪은 것을 기록이라도 남겨야겠다는 생각을 하게 되었고 그 결과가 이 얇은 책자이다. 늘 함께 해 온 이종린 김동석 두 선배교사와 지금은 속초로 이사간 윤병언 선생의 쾌유를 빌며 아울러 우리 인문학연구소에서 지리한 강의를 늘 함께 들어준 대원들에게 특별한 감사를 드린다. 말할 자는 많고 들어줄 자는 부족한 세상에서 열심히 귀 기울여 들어 주시면서 가르치는 일을 계속하게 해 준 모든 분들에게 늘 감사하다.

탐사대원들 왼쪽부터 박삼균·이종린·김동석

글·사진 박 삼 균
답   사 김동석·이종린

팀원 소개
박삼균 _ 전 국어교사 논술강사
김동석 _ 전 초등교장 서각작가
이종린 _ 전 초등교사 전각작가

강릉 고샅길 사용 설명서
2부 _ 구정면·성산면 편

초판 인쇄 · 2024년 10월 11일
초판 발행 · 2024년 10월 11일

사업명 · 2024 시나미강릉 문화도시 조성사업
　　　　　시민자율예산제 작당모의
발　행 · 강릉시 문화도시 지원센터
제　작 · 성원인쇄문화사
후　원 · 강릉문화재단

강원특별자치도 강릉시 성덕포남로 188
전　화 · (033)652-6375
이메일 · 6526375@naver.com

ISBN 979-11-92224-36-7(03090)

값 15,000원
- 파손된 책은 교환해 드립니다.

저작권법에 의해 보호받는 저작물이므로 저자와 출판사의 동의없이 내용의 일부를 인용하거나 발췌하는 것을 금합니다.